珍藏版

一生飘逸 一世梵唱

黄逸梵

卷 耳◎著

北京燕山出版社
YSP BEIJING YANSHAN PRESS

图书在版编目（CIP）数据

黄逸梵：一生飘逸 一世梵唱／卷耳著．—北京：北京燕山出版社，2017.3

ISBN 978-7-5402-4435-4

Ⅰ.①黄… Ⅱ.①卷… Ⅲ.①黄逸梵（1896-1957）—传记 Ⅳ.①K825.6

中国版本图书馆 CIP 数据核字（2017）第 050127 号

黄逸梵：一生飘逸 一世梵唱

作　　者	卷　耳
责任编辑	王　迪
设　　计	张合涛
责任校对	史小东
出版发行	北京燕山出版社
地　　址	北京市西城区陶然亭路 53 号
电　　话	010-65243837
邮　　编	100054
印　　刷	河北信德印刷有限公司
开　　本	880mm×1230mm　1/32
字　　数	183 千字
印　　张	8.25
版　　次	2018 年 5 月第 1 版
印　　次	2024 年 5 月第 2 次印刷
定　　价	46.00 元

一个游走世界的小脚女子

在那段遍地生花的岁月，林徽因纯白，吕碧城铮傲，以"南唐北陆"著称的唐瑛、陆小曼，更是尽领风骚，每一个独特的女子，都活得艳旗高炽，荡气回肠，给苍白无力的时代烙下璀璨火印……

而她，却是民国史上不得不被铭记的一笔传奇。

她大俗大雅、至情至性，与张爱玲一世母女情缘，却用了半生纠缠纷争，冰火两重天。她给了张爱玲以生命和美的体悟，也给了她最痛的回忆，最深的伤痕。

这是命运安排的最残忍的谶语，也是铸造传奇不可或缺的基调。

张爱玲的文字宛如游针，字字直戳人性的荒凉，这都深深嵌刻了她的影子。

她，便是著名女作家张爱玲的母亲——黄逸梵。

她出生于一个动荡的、充满各种可能性与浮华的时代。

滚滚红尘，从她出生那一刻起，就留给她无限的伤痛与沉默，襁褓之间与亲生父母的违别，青春年华与不爱之人的婚姻，走出围城后与爱情的一再错过，在岁月流浪中与儿女情缘的淡薄。她不曾流下过多的眼泪，也不曾让不幸黯淡了绚烂的容颜。

她孤独，她寂寞，但是她真诚，她不凡。

那么多年的海上飘零，心字都摩挲成了不可言说的谜底。上苍终究辜负了她一片玉壶冰心，作为一个传奇人物，她看懂了人间万般风景，但是很多人，却没有读懂她的故事。

她的女儿张爱玲曾说过：爱一个人是没有目的的。

所以她对所有的人都若有情，若无情。不是不爱，而是，爱对她来说，是一种说不出口的眷恋，是藏在心中，坠落孤绝里的一场叹息。

她的生命和生命中所附属的一切，都是千疮百孔，华丽到了极致，就成了如烟旧梦——揭开了看，满是华丽的虱子。

昨夜星辰昨夜风，民国岁月成就了她，她被抽离的锦瑟年华，在我们的意象中，再次出现在来时路上的每一处，南京的状元府邸、天津的洋房、上海的老弄堂、春天的巴黎、雨雾中的伦敦。

这些也是隶属于传奇的，不可分割的，永难消磨的一部分。

她不需要你着意读懂，冷清逦迤，任凭岁月流尘遮埋，亦抵不过她的猎猎风华在历史缃帙中留下了刻骨铭心的痕迹。

她的美丽、清绝、倔强、洒脱，是她游走人世最特别的标记。我们记住她，不仅是要记住她的姓名——黄逸梵，更要记住她深刻不凡的一生、惊才绝艳的旅程。

✳ 目录

第一卷

刹那花开　温柔曾经的时光

　　一场爱，一场梦，一场欢喜，一场惆怅，命运不曾交给我们圆融无缺的完满，它把支离破碎的真相放在一个装饰着孔雀羽毛、红蓝宝石、金边镶嵌的首饰盒子中，你若打开，便迎来一次欢喜和忧愁相交的洗礼。谁也挣脱不掉那早已编排好的人生密语，唯有依靠自身的决断与力量，努力给惨白的人生夜空装点璀璨的烟花，让星点的光亮划开绵延的黑暗，哪怕一瞬即逝，也是觉悟自己曾经存在过的证明。

繁花似锦的家世

20世纪20年代,正是沧海横流的年代,新旧思想交替,碰撞出剧烈的动荡。大时代的背景总是广阔无垠,空阔到把任何一个人物扔进去,凸显的永远是望不穿的幕墙,无数平凡的影子彻底融入了这幅背景中,成为一个空荡荡的虚设;只有极少数的人,才能在背景里凸显自身的存在,以时代做底,以刻骨铭心的故事为椽,埋下一段动人心魄的笔墨。

沧海桑田,人世易迁,人与人的缘分短暂得如指尖流转的微光,稍纵即逝,握不住,掌不牢,也无从亲近。唯有刻在骨子里的血脉相连才是亘古流传的亲切,哪怕斗转星移,时间更替。终归,一个人的身世与一个家族的兴衰荣辱是无法切割分离的。

黄素琼,这个永远被贴上张爱玲亲生母亲标签、活在张爱玲盛名之下、用一生书写传奇和颠沛流离的女子,于1896年一个初雨如丝的日子，诞生于南京的朱状元巷中。那是"金榜题名，天子门生"的显赫之地，一百五十米长的巷道内，一座雕梁画栋的合院式民居散发着日暮苍山远的陈腐气息，在浓得捅不开的沉闷晦暗中，黄素琼和弟弟黄定柱的出生，无疑给这个几近绝后的家族带来了喷薄的生机和希望。从此，在家族繁花似锦的族谱中，多了两个小小的婴儿，多了两个素淡的名字，也多了两个可以继续延续富贵血脉的希望。

这个日后觉得名字不够浪漫、出洋时自己更名为黄逸梵的姑娘，在一生中给自己改了一百多个名字。每一个名字都是一段跳跃的音符，是一种对自我认同的符号，是一段人生经历的回顾，也是她始终跳脱明媚，鲜活存在的证明。

这段人生历程的开始，起始于朱轮华毂的家族。她和这个渐渐走下坡路的家族有着千丝万缕、割舍不断的联系。她的一生，都在努力逃脱这个家族的魔咒一样的宿命，而一生，却又始终依附这个家族残余的势力维持自己的海外梦。

尽管出生时，家族还保持着百足之虫死而不僵的繁华之象，到底已经过了最鼎盛的时期，如同一首歌曲，唱过了高亢嘹亮的高潮部分，渐渐滑入少气无力的低音区。清王朝的统治渐渐力不从心，习惯于这个时代的人们骤然醒悟，发觉自己居然无处可依，所有赫赫扬扬的生活渐渐变成一种记忆，啃噬着依赖不肯离去的人。一座老房子，隔开了新旧两个时代的空气，二胡声里拉响的是对曾经显赫如今流离失所的惶恐与不安。

记忆总是不能被辜负的，然而时间不给人留恋不去的机会，因为它懂得，美好记忆的过后，总是情不自禁的惆怅和今非昔比的凄凉。

时光长长的吟唱，总没有办法掩去低回哀怨的暗伤。也有很多铿锵的音符，装点出一段激昂的旋律，载入史诗般的历史，成为后人缅怀吟诵的对象。

黄逸梵与家族的命运，从一开始就和丈夫张志沂（别号廷重，他素以号行世，在后文中，我们也就按习惯称他为张廷重）的家族捆绑在一起，以一种诡异的方式行走在宿命的道路上，尽管两个人也曾想过努力摆脱，但终究不敌命运强大的推手。一生爱恨情仇，一世悲欢离合，上演成人生难以言喻的跌宕起伏。

黄逸梵的祖父黄翼升是清末长江七省水师提督，通常称军门黄翼升。在李鸿章淮军初建、开赴上海时，黄翼升所统带的五千水师也归李鸿章节制，是他的副手。同治四年（1865年）李鸿章奉命镇压捻军，在对东捻的战斗中，黄翼升的水师驻守运河一线，阻拦了东捻的向西突围，又为清政府立下了功劳，功封男爵爵位。

黄翼升去世后，他唯一的儿子黄宗炎（另二子早夭），早年中举，黄翼升为他捐了道台，承袭爵位后，便赴广西出任盐道。这位将门之子，婚后一直未有子嗣，赴任前，家中便从长沙家乡买了一个农村女子给他做妾，有身孕后，将其留在南京。黄宗炎去广西赴任，不到一年便染瘴气而亡，仅活了三十岁。他死后，夫人生下了一女一男的双胞胎，这便是张爱玲的母亲和舅舅。

黄宗炎虽然存年不长，可是他毕竟留给了世界一个传说——黄逸梵，渗进骨子里的高贵的血统使她遗世独立，一世芳华。

谁说她的出色不是得益于优秀的门第出身？黄逸梵声声响

彻老宅的啼哭，喻示着她的命运：一世都是不同凡响，一世都是抑扬顿挫，就如同她与丈夫张廷重一般，两人还未见面熟络，两个人身后的家族已在时代中产生了不可避免的邂逅。

黄翼升因功骄矜，大肆修筑祠堂，惹得皇帝龙颜大怒，而几乎不曾削去顶戴花翎、一身富贵的李鸿章却为黄翼升全力举保，使得黄家避开了一段腥风血雨的抄家横祸。可以说，几十年后黄逸梵之所以嫁入张家，不全都因为两家一个是宰相门第，一个是黄门军族，强强结合的需要；往更深层次了说，恐怕也是因为黄家对当初李家的雪中送炭，及时施予援手心怀感恩，故而嫁女作为回报。

只是他们谁都没想到，这场报恩的戏码到最后却演绎成了一场老死不相往来的怨懑。

提起张廷重，那只是他盛大家族中一个无足轻重的符号，因为他的家世太过显赫，因为那个叫李鸿章的外祖父太过锋芒毕露，所以他的家族烙印即使过去了百八十年，仍旧鲜明地镌刻在历史的华章之中，没有办法消磨，成就了满清时代最富励志色彩的传说。

作为晚清朝堂上位极人臣的人物，李鸿章是淮军与北洋水师的创始人和统帅，他被当时的日本首相伊藤博文视为"大清帝国中唯一有能耐和可能与世界列强一争长短的人"。慈禧太后视其为"再造玄黄之人"。

他与曾国藩、张之洞、左宗棠并称为"中兴四大名臣"，与俾斯麦、格兰特并称为"十九世纪世界三大伟人"。

这个伟大的人物，却把自己最疼爱的二女儿李菊耦嫁给了政治生涯江河日落、发配荒疆戍边的张佩纶。

　　也许是出于怜才爱才的缘故，也许是因为仕宦沉浮，令李鸿章看穿世事，看透官场，只想要一个正直悫实的人陪伴女儿一生。

　　彼时，张佩纶已经年届不惑而且娶过两个妻子，对于恩师的慧眼青睐，他除了感激还是深深的感激。

　　几十年后，黄逸梵的女儿——张爱玲将当时的情景挪至自己的小说《创世纪》里：

　　紫薇追叙自己被潦潦草草决定的婚姻，总是拿姐姐也嫁得不够好来安慰自己，姐妹两个容貌虽好，外人都知道他们家是出了名的疙瘩，她的父亲名高望重，做了亲戚，枉叫人说高攀，子弟将来出道，反倒是要避嫌疑，耽误了前程。万一说亲不成，那倒又不好了。因此上门做媒的并不多。姐姐出嫁时已经二十好几了，从前那算是非常晚了，嫁了人做填房，虽然夫妻间很要好，男人年纪到底大她许多，而且又是宦途潦倒的，所以紫薇常常拿她和自己相比，觉得自己不见得不如她。

　　这里面的姐姐就是李菊耦的化身了，这位相门千金知书达理，年纪轻轻已才冠京城，花样年华之际嫁给了脾气怪异、相貌颟顸的张佩纶为继室，也难怪张爱玲在小说中将这位祖母的处境描摹得如此不堪。

　　用现代人的眼光来看，这原本是场门不当户不对、年龄相貌皆不匹配的失败婚姻。

　　但是，张爱玲在《对照记——看老照相簿》中却给出了一个截然不同的说法："爷爷和奶奶合著了一本武侠小说，自费付印，书名大概叫《紫绡记》，版面特小而字又大，老蓝布套也有两套数十回。书中侠女元紫绡是个文武双全的大家闺秀，叙述中常称小姐而不名，故事沉闷得连我都看不下去。"

她的记载毕竟是游戏笔墨，后人喜欢涂抹以神秘色彩，若有心揭开故事的真相，得到的还是世俗的回应，关于《对照记》中的这段描写，黄逸梵的丈夫——张志沂的结论是：纯属虚构，无稽之谈。

也许在他心里，世家贵胄之间的联姻除了利益的需要就是各方势力的权衡，哪里来这么多的浪漫温情，正好郎有意妹有心，那是可遇而不可求的，比天上掉金元还不可思议。他对黄逸梵的感情，始终是有怨有爱，爱多于恨的，这段婚姻给他带来的遗憾和眷恋，一直到死，都是打不开的心结、驱赶不了的梦魇。

然而不管怎样，在时代的分水岭上，黄家、李家以及张家，都留下了他们的蹒跚而清晰的足迹。

《辛丑条约》签订后，清王朝迅速由繁荣滑入衰败，列强环伺吞并，将一个原本地域广袤、自给自足的国家撕扯得四分五裂。而黄翼升的仕宦沉沦，李鸿章的先扬后抑，张佩纶的一败如水，正是清王朝穷途末路的国运中万千仕林人物的真实写照。他们风雨飘摇、吉凶不定，被那个时代高高捧起，又狠狠摔落，颠沛流离于洪流之中，半点不由己身作主。

就算是死后盖了棺，也在众人的口舌碾压里硬生生地被扭曲了身前真实的模样，那悲壮的英雄形象从一开始就铺就了三大家族悲凉的命运布景。

黄逸梵出生时，清王朝已经缓缓拉上了帷幕，凭着最后一口不肯僵硬的呼吸，仍旧努力维护着遗老遗少的光鲜日子。家族曾有的荣耀全都投射在黄逸梵与弟弟黄定柱的血肉里，像是要回应这样高贵的传承，黄逸梵把自己的一生活成艳丽哀凉独自芬芳的模样。

往事随风，如梦易逝，祖先的步履终究不可逆转，死去的人固然要加倍祭奠，活着的人始终得意气风发地活着。黄逸梵从不曾放弃自己妖娆的生气，给暮气沉沉的百年家族续写了神秘而略带悲凉的文字，给那些已经腐朽成灰的故事又添了一笔酣畅淋漓的小女子传奇。

回首漫漫人生路，生命虽然无常，但人生还可以有各种的可能，黄逸梵的一生，在霉绿斑斓的时光中，在世事如前尘的荒芜里，化为一个华丽的叹息。

童年一昫梦

那时的月光，就像一滴水渍落在雪白的纸上，渐渐洇出四周一圈黄色的淡晕，那时的月光，是一个睡意朦胧的呵欠，呼出不够清晰的白雾，在柔软的岁月中蜷成个浅浅的梦。光阴总是一往无前地往前走去，而关于孩提时的记忆却随着慢慢老去的光阴越发清晰坚定，如同一个淘气的孩子，在生命的弯道上一个趔趄，那些好的坏的，童年的一切就从塞得鼓鼓囊囊的兜里滚落在地。

黄逸梵和弟弟黄定柱的出生，就像一部劣质却又惊心动魄的默片，给我们这些后来的看客留下一声嗟叹。

黄宗炎刚上任不久，在广西一命呜呼。在当时的社会，身为黄宗炎正房妻子的大夫人没有子嗣，是没有财产继承权的，不仅妻子没有权利享受丈夫留下来的巨额遗产，就连女儿也是泼出去的水，无权享受过多祖辈的恩惠。黄宗炎的庞大家产似乎只能落在如狼似虎的侄子辈手中了。

万幸的是，黄宗炎临上任前娶回的二姨太有了身孕，因此分家的计划暂时搁浅，大家都等着二姨太肚子里孩子瓜熟蒂落，然后再根据孩子的性别见机行事。

到了生产那一天，围观的亲戚为了提防她们"狸猫换太子"，就请了几个兵丁日夜把守前后门。魔高一尺道高一丈，大夫人自有周郎妙计安天下，她预先安排了一位姿色出众的仆妇和把门的兵丁打得火热——然后悄悄迎来了一位山东夫妻丢掉的男婴，于是厢房里二夫人阵痛发作后，生下了一个女婴，她就是黄逸梵，隔了不久，一个瘦弱的男婴，也在众人或失望或惊喜的目光中抱出了房门。这段叙述是张爱玲《小团圆》里面的版本。不过公认的版本是这个男婴不是买来的，而是亲生的。

大太太的主意拿得十分稳当，这才给了黄逸梵痛并快乐着的童年机会。

那些蜚短流长在时光的篦子下被梳拢成一绺绺可有可无的笑谈，属于两姐弟的儿时风光终于在这场有惊无险的猎奇中拉开了序幕。

年幼的孩子们，看到的是姹紫嫣红的热闹和繁华，那么小的人儿，习惯把快乐放在心尖尖上，而后来的苦闷也是装饰的花边，大大刺刺的一圈，圈住了浮华的虚幻热闹，到最后竟然喧宾夺主，成了童年的突出色调。

逼仄的巷子里，灰墙黑瓦的阔大院落中，春天头一茬青草刚冒出头，在墙角屋檐轻轻地舒展，悄悄地延伸，草叶上滚动的水珠，于天边晨曦中吐出饱满剔透的光华，颤了两颤，在微风中摇曳生姿。四只追逐蹦跳的小脚丫在草丛中乱窜，那水珠子就像雨滴一颗颗坠入泥土中，被踏得粉身碎骨。迎着细碎的光芒，秋千架上的笑声银铃似的洒在大院的每个角落，阳光映出孩子们脸上的绒毛，秋千架上高高飞起穿红着绿女童的身影，在秋千架咯吱咯吱的响声中，惊醒了春日慵懒的梦。

年纪相仿的男童则咬着手指，不安地看着姐姐黄逸梵的秋千越荡越高，仿佛一伸手就能触摸到蓝天，一跺脚就能把白云震落。他也许不知道，以后的命运，姐弟俩注定一个高高飞起，成为大千世界里孤傲独立的云朵，在世界很多地方投下了自己的影子，而胆小庸常的他，却成为黄门世家里被精心培养出来的笑话，一辈子没有踏出精彩一步。

他们的乐趣还有很多，到了炎炎夏天，姐弟俩被抱在保姆的手中，看佣仆用竹竿绑上面筋沾知了，被粘的知了送到他们面前。黄逸梵好奇地伸手摸了摸，咯咯地笑着，得意极了，弟弟却害怕地往保姆怀里瑟缩着，转过头扁扁嘴就要哭。

粘完知了，就要回到屋子里吃美味的冰碗。甜凉爽口的、果香味浓郁的冰碗一直是贵族世家夏日消暑纳凉的佳品，在小碗底垫上天然冰的小碎块，上面放上"河鲜儿"，再铺了去皮的鲜核桃、鲜杏仁、甜瓜、蜜桃，最后撒上白糖，滋味动人，入口生凉。

姐弟俩坐在矮杌子上各吃着一小碗冰碗，鲜甜的蜜桃块滚入喉中，整个人神清气爽。黄逸梵吃完了看弟弟碗里还剩很多的河鲜儿，便趁人不备抢了一块塞入嘴里，引来保姆又气又好笑地尖叫。弟弟却呆呆地看着姐姐的举动，他还是不明白被抢了心爱之物应该有的烦恼。

　　孩子的心是很容易被快乐满足的，旺盛的好奇心和求知欲总是不断地让他们努力从死气沉沉的生活中寻觅到乐趣。虽然家族已经逐渐走向没落，但是在孩子的眼里，太阳、星星、月亮每天都会照常升起，给他们黑亮的眼睛带来光明。不管怎样，在最初的幼年时光，即使失去了父亲的扶持、亲生母亲的怀抱，他们的世界还是温柔与美丽的。

　　有时候，黄逸梵会从宅子青石板砌成的花坛里采回很多花，白的紫的黄的，学着戏里的优伶打扮，将花朵横七竖八插了弟弟一脑袋，给弟弟换上了自己穿的花衣裳，用保姆房里的胭脂将弟弟的脸涂得红红绿绿好不热闹。两个人咿呀咿呀唱起了大戏，引来了在外房里绣花的大夫人一顿训斥。这时，憋得满脸通红的黄逸梵就会瞪圆了眼睛，攥紧了小拳头，不服气地偏过脸耍起了性子。

　　到了冬天，最好玩的游戏莫过于去打雪仗堆雪人了。姐弟俩圆滚滚，胖嘟嘟，戴着帽兜，穿着麂皮小靴子在雪地中尽情嬉耍，大大小小的雪球飞出高高低低的弧线，啪地砸碎在身上。尽管大夫人再三叮嘱下人不要让姐姐欺负到了弟弟，可是挨雪靶子挨得最多的却永远都是弟弟黄定柱。在这个原本应该是男尊女卑的世界中，因为黄家典型的阴盛阳衰的小气候，造就了姐姐黄逸梵要强、好胜。而弟弟，他的性格却模糊在了老宅沉闷压抑的气氛中，变成衬托姐姐的髹漆背景。

　　少年不识愁滋味，人生最快乐的时光莫过于想要什么就能得到什么，守着祖产过日子的黄家遗孤，拥着丰厚的家产，踩着欢乐的鼓点，一点点挥霍最美好的时光。

　　也许在黄逸梵过后有些落魄的辰光里，她会一遍遍想起当初仆人们扛着姐弟俩去赶庙会的情景，"东风夜放花千树，更吹落，星如雨。"栩栩如生的皮影戏上演了悲欢离合，纸扎的花灯寄托了人们的美好心愿被推入秦淮河中，踩高跷的、耍大戏的，街头摩肩接踵的人潮淹没了姐弟俩欢快的笑声，拿在手里的冰糖葫芦永远甜腻得叫人放不下嘴。

　　日子像糖果一样饧成一块儿，似乎永远是明媚的基调，黄逸梵和时间捆绑着一起长大，然而年纪小时，不快乐总是被宠溺的大人用还小作为借口阻断，在大人们的怀抱中，幼年的天空纯净得像是最通透的水晶。

　　水晶也有泛黄的时候，当头上稀疏的小辫绞成麻花大辫的样子后，黄逸梵得学会一夜长大。

　　长大是个多么有力量的词汇，它原本意味着成熟，意味着责任，意味着担当，可是这些溢美之词加起来也不如长大所需要付出的代价之沉重。运气总是被精确称量过后才交到了每个人手中，婴幼儿时期享受过多少无忧无虑欢声笑语，那么步入长大的轨道后，就要用多少的眼泪和痛苦去补偿。

　　黄逸梵出类拔萃、独立不羁的个性引起了府内一个老妈子的注意，闲言碎语像不死的阴魂飘散在府中的每个角落，慢慢渗进每个人惊讶担忧的目光里。堂堂的黄门小姐怎么可以任性到这个地步，老大不小的年纪了，针线不拿，女红不知，整天跟着弟弟瞎胡闹，闹着闹着，忽然翻出了新花样，还想和弟弟一起去私塾上学去。

　　大夫人也在为如何教育黄逸梵的事发愁，原来黄逸梵和弟弟出生后不久，黄逸梵的母亲便去世了。这个可怜的女人，生前没有享受到多少荣华富贵，好日子才起个头便撒手西归，居然一点也没有浪费黄家的米粮。

大夫人身兼养母和当家主妇的职责，将黄家这门的遗孤血脉看得极重。两个小娃娃是黄宗炎这脉的唯一传承，平时有个头痛脑热就够她提心吊胆的，难免放任孩子自由些。现在孩子渐渐大了，她想收起缰绳，给他们装上辔头，却发现一些外在因素束缚住了她的手脚，使她不能痛痛快快地尽一位家长的责任。

家里的闲言碎语她不是没有听到，只是作为养母，她很怕担上了虐待姨娘孩子的恶名，更何况她下半生的荣华和安定都依仗着这两个孩子，因此教育起他们来总是显得心有余而力不足，缺乏足够的底气。

不过这次，她终于下定决心，要摒弃一切困难好好管束他们，绝不能落下一个管教不力、没有作为的坏名声。黄定柱倒好办，放在学堂里由夫子手把手教着，晨昏定省时，由她亲自过问学业，谆谆叮嘱，再三提醒他谨记祖训，以光大祖宗门楣为己任。

个性软弱的黄定柱虽然不喜欢读书，但也无可奈何应承下来。他进了私塾，顺着大夫人的意思念起八股文，以期靠读书博取功名，重振黄家赫赫光辉。

而黄逸梵，却让大夫人很是头痛了一阵，女红针黹的物件一样样摆上了绣桌，她只装作没看到，低头玩弄帕子，就是不肯动手尝试。

大夫人怒了，终于说了两句狠话，这些话像绣花针一样深深扎在黄逸梵的心上，生性要强的她何曾受过这样的训斥，眼泪在眼眶中滴溜溜地转动着，却仍倔强地不肯掉下来。

也不能怪大夫人迂腐守旧，旧式家庭，但凡是个女孩子都要有一手拿得上台面的针线活儿，女红的好坏代表着一个女子的价值，不懂针黹不知纺织的姑娘和坐吃干饭的废物没有什么两样。《红楼梦》中，贾府娇生惯养的小姐们虽然不缺做针线的仆妇，但是也要亲自动手做些帕子鞋面以堵住别人的悠悠之口，娇弱的林黛玉因为身体的原因半年没动针线，就要被下人明嘲暗讽。可见会女红是那个时代对女性的一项基本要求，下至小门小户的小家碧玉，上至皇宫贵胄的大家千金，谁都不能例外。

也许为了证明自己不是只知道憨玩痴笑的废物，也许终于厌倦了府里那些婆婆妈妈隐在眼帘深处无声的嘲讽，也许弟弟去读书再也无人相伴的寂寞令她感到窒息，也许只是不敌大夫人苦口婆心每日不息的叨叨，黄逸梵终于被逼着拿起了针线绣花绷架，一点点将岑寂的岁月托付给手里的绣线。

黄逸梵这个人，不学则已，学就要学出点样子，一段时间的研习后，她的女红技艺突飞猛进，"鸳鸯戏水"是对爱情和婚姻的向往；"狮子戏球""凤穿牡丹"则是富贵生活的象征，将一缕幽香缝进精致的绸缎中，再配上各种装饰图案，最后打上络子或者流苏，小小一个香包融入了丰厚的美学底蕴。

女红的修习给黄逸梵今后学习绘画雕塑打下了扎实的基础，她的审美既有着东方的雍容精美，也糅杂着西方的明艳浪漫。这个女子，从一开始就把自己安置在了美的画框中，以供后人膜拜瞻仰。

如果说女红对颇有审美观的黄逸梵来讲还有一星半点的乐趣，紧跟而至的礼仪教育就彻底让她觉得喘不过气来。

《闺训千字文》里明确罗列了几点关于大家闺秀的准则要求：温柔典雅，四德三从。问安伺膳，垂首敛容。言辞庄重，举止消停。戒谈私语，禁出恶声。笑不露齿，行不露趾……

大夫人再三告诫黄逸梵，作为一个大家闺秀，就要恪守礼仪，秉承传统家学，一言一笑都影响着大家族的声誉，关乎今后的名声和婚姻。黄逸梵不是不懂这些，但她的心更向往自由，一旦被条条框框绑住，就像原本应该在天空飞翔的鸟儿硬是被剪掉了翅膀关入金丝笼中，她觉得沉闷无比，日子开始变得灰暗没有乐趣。她的言谈举止时刻被人睃在眼中，稍有不对就招来呵斥，曾经纯真无瑕的笑容扼杀于古老迂腐的规矩中，黄府也渐渐听不见孩子们的欢声笑语。

然而最沉重的打击还不在于此，黄逸梵收敛后的乖巧模样让大夫人暗暗得意于自己的训导有方，她的目光从黄逸梵扎得整齐妥帖的发辫移至衣袍一侧垂下的绣工精美的香囊，然后向下停留在裙角都不能彻底遮住的绣鞋上，紧紧蹙起了眉头。

如果说女红针黹、三从四德的学习只是在心理上给她带来不小的压力，那么缠足就是对她心灵和肉体的双重摧残。虽然说缠足的最佳年龄应该是四五岁左右，但是亡羊补牢为时未晚的道理大夫人还是明白的。

几条雪白的裹脚布放在黄逸梵身前，这个性子倔强的女孩子怎么也不肯俯首承受，哭着闹着喊着叫着，百般挣扎，终于不敌几个身强力壮的仆妇，被摁在椅子上，强行缠裹上布条，十根脚趾被硬生生掰断捆在一起。那种撕心裂肺的疼痛成了封建时代多少女子挥之不去的噩梦，哭声渐渐嘶哑终至无声默泣，在剧烈的疼痛中，黄逸梵颤抖着忍受着那个时代烙在脚上的屈辱。

终其一生，她都背负着这道烙痕，以后，哪怕她用这对三寸金莲走过很多四肢俱全的人都不曾走过的路，看过很多普通人一辈子都不曾看过的风景，被裹脚的遗憾和羞辱却始终深入骨血纠结盘亘，不时跳出来折磨啃咬着她的心。

历经世间浑浊的洪流后，那颗不甘的心终于迸发出强烈的自我意识，黄逸梵选择不再幽闭于可怕可憎的世俗规则中，努力伸手抓住封闭空间的栅栏，使劲撑开，放入一线光明，照亮黝黑的世界。

经过无数次的抗争乃至绝食的威胁，黄逸梵终于能和弟弟黄定柱一样坐在私塾中，跟着夫子学文习字。

纤细的手指握住笔杆，一笔一画认真勾勒字体的框架，书上每一句话像阳光雨露默默浇灌空白的心，使它重新萌芽。那些蝌蚪般大小的方块字给了这个小姑娘一种莫名安心的感觉，让她觉得生活还有希望，还有新鲜。但是那时她还不知道，正因为识字这个原本妇人不该拥有的本领，使得她在十几年后的新时代浪潮中如鱼得水，扬眉吐气，成为一个与众不同、别具一格的女子。

童年的经历是整个人生一幅浓缩了的片段，它有笑有泪，有苦有甜，兀自应和了黄逸梵整个人生轨迹。每个人的童年都有不同的线条，它可以粗犷地一把遮盖所有的不幸与痛苦，也可以细腻地描摹每个细节的滋润和明媚。童年可以积攒出各种延展的可能，至少对黄逸梵来说，她的童年，已经为今后杲杲赫赫的人生定下了基调，那是她给自己交出的第一份答卷。

花嫁之初

人生若只如初见，就在电光石火四目相接的一刹那，来自于灵魂的唱和，身躯的战栗，让漂泊世间已久的孤寂最后终于头尾衔接，裁出圆满的轮廓。

若只如初见，一切都停止在初见的那刻，整个宇宙洪荒，都是静好的岁月。

黄逸梵的婚姻和当时千千万万的旧式家庭中待嫁的女子一样，掌握在媒妁口中，决定于大夫人的定音之锤。

二十二岁那年，因为早先拒绝了无数达官显贵后裔的求配，上门来说亲的人愈加稀少，大夫人嘴里不说着急，怕掉了她家小姐的身价身份，可是心里愁得日夜不得安宁，几次暗暗叫了人替黄逸梵留心适龄婚配的人选。只要家世相当，模样过得去就行了，至于人品，体贴与否，她压根没放在心上，在她的思想中，那不是她们这些女人应该考虑的问题。俗话说："嫁鸡随鸡嫁狗随狗，"女儿家就是被泼出去的命，像根无依的浮萍，随水飘零，该到哪儿就到哪儿，上天入地也只好跟着丈夫不离不弃。

这是单方面的不平等契约，黄逸梵无法忍受自己变成待价而沽的商品，被陈设摆列，让纷纷上门的人挑挑拣拣。

她不做声默默地反抗着，小姐脾气上来了，干脆饭也不吃躲在床上背朝外面暗暗流泪，这样闹了几天，眼看着如花的容颜渐渐像遭了霜打似的黯淡下来，大夫人急得如同热锅上的蚂蚁，早晚到她的厢房里面，一把鼻涕一把眼泪哭诉个不停。

　　大夫人劝解的话也不是没有道理：他们黄家虽然是贵族之后，但是自从老爷去世后，局势日趋动荡，收成一年不如一年，整个家外无三尺应门之僮，内无筹谋策划的当家人，眼看着要坐吃山空，窘迫的光景渐渐上来了。本来她还指望黄家唯一的儿子黄定柱能重振雄风，谁知道去读了几年书，黄定柱礼仪仁孝廉没念出来，倒念了一肚子的鸡鸣狗盗，眼看就是个不成材的，黄家的指望就落在黄逸梵身上了。

　　原来这次媒人牵线的人家是响当当的宰府后人——李鸿章的外孙张廷重，大夫人觉得这样的人家无论财力、势力、影响力都与黄家旗鼓相当，也不算辱没了黄家的尊贵，因此一力撺掇，就指望黄家能靠这次联姻卷土重来，一扫颓势。

　　原本倔强刚硬的黄逸梵架不住大夫人的泪弹攻击，想到这么多年来她含辛茹苦把自己和弟弟拉扯大，虽然不是亲生的母亲，但是那无微不至的关怀、巨细靡遗的照顾，一点也不比亲娘做得差。况且，她在这沉闷幽暗的老房子里待得太久了，觉得自己全身上下浸透了一股子腐烂发霉的味道，急着需要外面的新鲜空气和灿烂阳光冲刷洗涤，还自己一身轻松自信。

　　她最终应承下来。

　　1918 年初冬，两人的婚礼依照传统的礼教进行，只是张家把接亲的轿子改成了新式时髦的汽车，既摩登新潮又耀武扬威。大夫人满面笑容地将黄逸梵的手交给了前来迎亲的张廷重。

　　交出女儿的那一刻，她或许没想到，这承载了很大希望的婚事，最终却像阳光下绚烂无比的泡泡，经不得一点骚动，恍惚间便碎裂成让人心悸神伤的水沫。

　　故事开始得赫赫扬扬，喜庆热闹，如同一幅巨大的红绸，铺排了满满的祝福，没有人愿意看到水尽山穷的结局。尽管再三逃避，讳忌提起，脉络的走向，仍旧不曾柳暗花明，它只是背负着沉重而累累的伤痕，蹒跚挪移，步步捱向岁月的尽头。

张家的老宅中锦绣包梁，红毯匝地，灯火辉煌，宾客盈目。黄逸梵稳稳牵着张廷重递来的系着红花的绸缎一端，缓缓走向全然未知与期待的新生活。

撩开敷面的喜帕，灯盏摇曳中，黄逸梵美丽的面容停驻在张廷重的双眸中，高目深鼻，秀发如云，两片打了红彩的薄嘴唇恰到好处抿起微微羞涩的笑容。肤色虽然算不上白净明澈，但是在满是小笼包子般白嫩的上海女人中，她的肌肤反而让人想起夏日饱满火热的光照，所到之处，摧枯拉朽，烈烈灼烧，焚祭过往冰冷寂寥的日子，燃出一席活色生香的热情。

这是张廷重猝不及防的，他的心在触碰到黄逸梵两颗黑水晶一样的眸子时，已然失去了平稳的频率，洪水般卷来的情绪让他第一次感到为一个女人心动的畅快淋漓与不安。

也许是冥冥中的暗示，他不经意地抚住自己的胸口，那里擂鼓般的跳动让他在这个大寒的天气中渗出一种温软却又疏离的暖意，就像抬头去迎接蒙着白雾的阳光，却在枝桠晃动时失去了它的攥握。

黄逸梵周身散发的气质与他的格格不入，这个跳脱灵动的女子袭承了湖南人的勇敢与无畏，当初平定太平天国靠的就是湘军，湖南人胆子大，步子大，走得比别人远，做得比别人多。

他的妻子，正是一个永不妥协、永远视平庸乏味为无物的特殊女子。

那样一个女子，他在出嫁前已略风闻了她的事迹，可以说，

　　早在成亲前，他就已经在心里勾画了无数遍她的形象，是雪白纸片上一个凹凸的花般的影子，此刻却跳出想象的束缚活生生地坐在他身前朝他微笑。

　　张廷重惴惴不安着，他不知道自己在这样一个美丽的女子的心中给出的第一印象是不是还让她感到满意。他不是个美男子，平常的五官，稍扁的后脑，常人眼里看起来天圆地方的福相在现实中透露出一种笨拙的肤浅，他走路的步子永远四平八稳，以此来掩饰自己内心不经意间生出的怅然与迷惘。

　　他就像棵空芯的玉米，华而不实，而她则瑰丽地如同才上了脸的胭脂。

　　两人的差距在新婚那夜的初见便延展出一条裂缝，最开始，它总是被新婚的喜悦和新鲜掩饰得很好很好。

　　黄逸梵的眉毛黑且浓密，隔三岔五要靠人工修剪出柳叶眉的形状，张廷重便放下身段学着修眉。他执着眉刀，在她眉间比划来比划去。黄逸梵撒娇撒痴要他小心些，他但笑不语，在妻子隐隐不安的等待中替她修出最美的样子。

　　修过了眉，两个人依偎着出现在同一面镜子中，脸上是一样的喜气，一样的脉脉，"云髻罢梳还对镜，罗衣欲换更添香"。岁月静美的就像是香炉里吐出的袅袅青烟，在形单影只的空旷中腾挪一抹虚幻的倩影。

　　张廷重因为出生在管辖洋务的大家族，所以小时候母亲李菊耦除了让他修习科举书目外，还给他请了英文老师。他因此能读懂英文，可以处理英文文件、信函，甚至会用一根手指在打字机上打出英文来。

　　也许他的英文水平和他这个人一样，不甚通透，摆不上大台面，但是唬唬从来没有接触过外语的黄逸梵却是绰绰有余。

黄逸梵虽然读了些书，却还是以《女诫》《内训》《列女传》为主，那些陈芝麻烂谷子的条条杠杠根本捆绑不了她迎风招展的心。她向往更多的新知识，极力拓展束缚已久的眼界，努力和外面已经天翻地覆的新世界接轨，融入其中，不被时代嫌恶抛弃。

于是许多个午后，在幽静的小轩厅内，爬墙的藤蔓一路摇曳着盛浓的绿意爬进窗户，小夫妻二人拿着英文书籍一个教，一个跟读。从最初的 ABCD 到简短的英文对话，从词语的拼写到语法的运用，张廷重教得一板一眼，丝毫不敢怠慢，黄逸梵学得勤恳认真，英文水平日有所长。

有时张廷重也会拿腔捏调用英文朗读一段古籍，那滑稽的腔调逗得黄逸梵笑个不停，张廷重默默地在一旁看着乐不可支的妻子，脸上满是宠溺的神情。

二人小世界自有妙趣横生的乐子，在这座老宅内，时常听见黄逸梵的娇嗔和张廷重爱怜的轻笑，时常看见黄逸梵跳现代舞轻盈优美的身影和张廷重笨重跟不上节拍的慌乱。他们似乎相濡以沫，似乎朝朝暮暮，似乎天荒地老，似乎水乳交融。

但是爱情就像是被埋在土里的一株幼苗，它虽然能不经意间发了芽，但是要等它开出花来又是何等艰难。

更何况伴着快乐喜悦的，总是如影相随的烦恼，像是命运给予好运的随赠，不管怎么躲怎么推，都必须欣然接纳。

婚后第五年，黄逸梵和张廷重的第一个女儿出生——这个女儿，正是日后上海滩上一只生花妙笔写尽人世苍凉的大作家，张爱玲。时隔两年，小儿子张子静也呱呱落地。孩子的出生既给他们的生活增添了乐趣，也给婚姻带来了山雨欲来的危机。

只是那时候，夫妻二人还没有嗅到其中的隐忧，摆在他们面前的首先是分家的问题。张廷重结婚后，仍旧和二伯父张志潜住在同一座大宅子里。张家的当家主母李氏生性苛刻，在生活用度上极力撙减，她没有将家业开疆拓土的本事，守成的功夫却深得婆婆李菊耦的真传。

据说李菊耦节俭到用人多拿了几张草纸都要大声呵斥，黄逸梵的二伯母李氏更是将这一勤俭的习俗发挥到极致，平时生活精打细算，能省则省，就连用来洗洗刷刷的香胰子都给蠲免掉了。黄逸梵苦恼着新洗过的枕套还带着唾沫星子的臭味，每天的伙食也乏善可陈，一碗菜中找点肉末星子比大海捞针还难。

吃穿用度被再三克扣，她不得不拿出私房钱悄悄让用人买些必需品应付日常生活。这一举动李氏看在眼中，当然很不舒服，觉得自己好像亏待了这个弟妹似的，传出去落了个欺老凌幼的名声，因此两人见面，她总不给黄逸梵好脸色看，言语中也夹枪带棒多有嘲讽。

黄逸梵心性高傲，素来是你让我三分我才还你三分的脾气，李氏对她怠慢，她也不愿意用热脸蛋贴别人的冷屁股。

两人背后没少互相抱怨对方，黄逸梵为了小家庭的自由，关起门来和丈夫张廷重不知道发了多少脾气，说了多少好话。恰好张廷重也觉得自己深受哥嫂的管辖已久，如今年岁渐长，而且近来也受到堂兄的提携出任津浦铁路局英文秘书的职位，也就生出了分家搬出去另立门户的想法。

在家族长者的主持下，黄逸梵和张廷重潦潦草草分到了一些家产，举家搬到了天津。这一年年底，黄逸梵的养母大夫人在上海去世，黄逸梵奔到上海举了孝后，在族人的监督下和弟弟分了家产，弟弟得了所有的房屋田产，黄逸梵则带了十多箱的古董回到了天津。

这些古董后来差不多都被变卖一空，也许它们存在的意义，就是要完成一个人光辉离奇的梦想。物是死物，人心活络，再稀有的珍宝，也不及烈烈风华的青春岁月里那旁逸斜出，开到眩人的梦想来得夺目。

黄逸梵在天津又获得了新生，童年的痛苦，出嫁后的压抑都抵不过此刻繁华濯锦的喜悦，与过往挥手告别，那些徘徊低迷成了发旧泛黄的老皇历，曾经被挖空的幸福填满了姹紫嫣红的色彩，那是人生中少有的精彩。

天津的新家很热闹，时常会举行盛大的宴会，衣香鬓影，觥筹交错，黄逸梵交游其中，应付客人优雅得体，八面来风，像只挣脱冬日严寒覆身的蝴蝶，此刻终获丰沛的新生。

有一段时间，一家四口迷上了去"上权仙"看电影，每晚盛装出行，由家里的司机送到电影院门口，到了放映结束后再接回家。

20 世纪 20 年代，由于文化生活匮乏，电影院成为人们最津津乐道的地方。天津作为北方重镇，又是戏曲娱乐高度发达的地方，其影院建设水平可圈可点，值得一提。

虽然电影院在短短几年间如雨后春笋般冒出不少，但是看电影依然是富人们茶余饭后消遣无聊的方式，并不在底层劳苦大众中盛行。电影院不仅放映当时最新的影片，休息厅还提供酒水茶食，甚至西洋糕点供人享用。

黄逸梵与张爱玲坐在桌子这头，面前蛋糕上的奶油绵密醇厚，她喜欢上了喝咖啡，就着咖啡能吃掉一整块的奶油蛋糕，此时是她最感惬意的时候，她的生活充实而丰厚，滋润无比。桌子的另一端，丈夫张廷重逗弄着怀抱里的儿子，他对吃喝向来不放在心上，对现在有钱有闲的生活却怀着相当大的满足感。

快乐还会以不同的方式进行着，有时候，他们一家人会去附近的公园遛弯，黄逸梵打扮时髦，出入引人关注，张廷重举步稳重，有着朱门大户出身的贵气。他们手挽着手，恩爱亲密，相视一笑间，甜蜜尽在不言中。在他们身前，一对儿女像小天使在绿色的草坪上尽情地打滚追逐，累了就躺在草地上，看白鸽呼啸飞过，看白云悠然飘远。

这一家人守着丰厚的遗产，只管享受生活。也许是对于物质的渴望被压抑了许久，也许曾经的生活给了他们太多无奈与厚重，所以一旦掌握到足以改变命运和生存方式的金钱，就会迷失掉原本简单纯粹的面目，变成一个涉足沙漠饥渴的旅人，将奢靡如同泉水一样贪婪地握住，紧抓在手中不肯放开。

那时，天津估衣街的绸缎山庄在北方地区相当有名，仅"山东孟家"的八大祥绸缎庄在估衣街就有谦祥益保记、瑞蚨祥、瑞蚨祥鸿记、庆祥号、瑞麟祥等。与江南出品的绸缎不同，北方的绸缎虽然不够细软，胜在颜色艳丽佻达，大紫大红的绸缎做成旗袍上身，简直就像开满了一身的春天。

黄逸梵是绸缎庄的常客，闲时，她常常带着用人去挑选衣料，订做新款的旗袍，她喜欢那些花色秾丽的料子，和她的性格遥相呼应，灼灼其芳，充满另类的个性美。

她还尝试买了市面上少见的乔其纱，仿照电影海报上女明星的衣饰做了镶着花边的蓬蓬裙，脚上缎子绣花鞋也换成塞了棉花的皮鞋，最小号的，仍旧给人盈盈一握的感觉。她喜欢鲜艳的颜色，夺目绚烂，于是附近的珠宝店会派人送来当季最新款的各种首饰，她脖子上、手指上的首饰会经常变换花样，但是耳朵上镶着的一对祖母绿耳钉是大夫人留给她的念想之物，经年不会摘下。

老房子里进进出出的用人，随时待命的司机，还有一个接一个沾了蜜一样惬意的日子，都变成人们口口相传、羡慕诋毁的对象，然而青春年华就该如此轰轰烈烈，如果等不及去赶一场传奇的盛宴，就容易委婉成哀柔的残律。

每一天，每一个角落，这世界总有一场忽欢喜忽悲辛的事降临，没人能扭曲生活的真实意图，所谓的慰藉，只是流传于他人舌尖隔靴搔痒的言语。人们在此处或者彼处相遇，从来都不会奢想拐角处就正好遇见心爱。

犹如刺骨的寒冷它没法子融化在偶然的温情中，犹如多数花好月圆的结局总是戛然于故事的高潮而不能续写今后的命运。

如果，人生永远停留在幸福的起点，那该有多么幸运？

轰轰烈烈地觉醒

张爱玲曾说："说好永远的，不知怎么就散了。最后自己想来想去，竟然也搞不清楚当初是什么原因把彼此分开，然后你突然醒悟，感情原来是这么脆弱。经得起风雨，却经不起平凡。"

平凡是什么？是春天的田洼里拂过的一道带着泥土气息的野风，是一个人走在路上不经意间砸碎在肩头的雨点，是无数道剑气一样横七竖八插满日薄西山时天空疲倦的暮色，是——我在你身边，你日日相见逐渐左右手般交握的激情褪却，总不是令人获得愉悦感官的好东西。

　　人生，像是一颗裹着糖衣的杏仁，外面那层甜被一天天耗尽了，然后情理之中的苦涩终于大大剌剌占据了舌尖。

　　一旦生活露出了它惨白无力的真面目，人又会重新被逼着捡起旧时的埋怨与怅然，心不甘情不愿又回到这旧时光中去，循环往复，不休不止，从一面明媚多姿中迅速闪入另一面的晦淡无光里，伸出手，却触摸到了一手沉沉的心垢。

　　以往说过的山盟海誓终于随着雷峰塔倒一夜现出了原形，曾经有他在，外面的世界听风是风，听雨是雨，如今有他在，风是呜咽的，雨是无情的，就连艳阳高照的晴日，那也是用来哄骗人的风景，世界不再鲜活，不再多彩，它回归了黑白的本色。

　　生命，如果是一袭华丽的旗袍，它的腐朽，仅仅源于一只叫做不甘的虱子。

　　黄逸梵的变化，源于辛亥革命后的一场闹剧。篡取了孙中山革命成果的袁世凯在北京妄图复辟帝制，他大搞尊孔祭天，要把才从封建复古的魔掌中挣脱出来的社会重新困入家天下的牢笼中。面对这股反动逆流，由胡适、陈独秀、鲁迅、钱玄同、李大钊等一批受过西方教育的有志之士发起了一场"反传统、反孔教、反文言"的思想文化革新、文学革命新运动。

　　这场轰轰烈烈的新文化运动像给这个暮气沉沉的社会放了把新鲜的烈火，整个社会仿佛在一夜之间苏醒，睁开睡意朦胧的眼，开始用一种审判的、觉醒的目光审视自身坑坑洼洼烂疮一样的顽疾。

短短几年，无数有为青年用青春热血在中华大地上掀起风暴一样的变革，那代表先进与觉悟的声音如同阵阵的雷声响彻每一寸土地。

世界发生了翻天覆地的变化，这种变化之强烈，之震撼，让身处灯红酒绿、纸醉金迷生活中的黄逸梵也惊叹不已。

潜伏在她灵魂中沉睡已久的不羁和自由像是被重重击醒，在她内心一遍又一遍搅动不安的浪花，儿时被裹脚的惨痛经历和被逼出嫁的无奈心情，是她刻意掩藏起来的一道道狰狞的伤疤，即使过了这么长时间，午夜梦回时，它们仍是令她悸悲哀的深深梦魇。

黄逸梵深恶痛绝与这些伤疤有着千丝万缕的社会制度，曾经无数次幻想用一把巨大的锤子敲碎这沉甸甸的金色牢笼。

所以当她看到无数女生剪着精神的短发，穿起露出小腿的黑色百褶裙在大街上到处走动，参加反封建反专制的示威游行时，她的整个人为之精神一振，多年来罩在自己身上那层禁锢好似被人用刀狠戳一下，应声碎裂。

从此她踩着这层碎片，在自由与新派的道路上拔足狂奔，不管不顾，一去不回。

改变先是从头开始的，尽管张廷重气得七窍生烟，再三反对，黄逸梵还是兴致勃勃去了理发店剪了一个当时很流行的学生头。

坐在理发店里，落地的大镜子被日光灯照得熠熠生辉，黄逸梵满面春光看着自己及腰的长发一点点被剪短，剪出一个带着笑意的女学生形象，一直被长发重压的脖子终于得到了解放。

她在镜子上下左右打量着自己——简单的学生发型，保留了短直发的干脆利落，又不失一种娇俏的垂顺感。她抬手把一边的短发捋至耳后，绿莹莹的祖母绿翡翠耳钉将她衬托得既俏丽又鲜活，就连年幼无知的儿女都被她的美丽惊艳，咬着手指呆呆地看着如同仙女下凡一样的母亲。

她感到惊讶，初次尝鲜的成功令她更加迫不及待地想要涅槃重生，她用尽全力一点点改变自己，像只初飞的鸟儿，总是憧憬羽翼下扇起的苍狗白云。

家里的用人们开始窃窃私语女主人的装束变化，不知从什么时候起，黄逸梵的服饰已经融入了她鲜明的个性，仿佛人和衣裙是一体，走到哪里都刮起一股惊艳的视觉清风来。

她的服饰千姿百态，去参加舞会时，会穿一件显得天真，轻快的"喇叭管袖子"的连衣裙，飘飘欲仙，露出一大截灵活的手腕。去茶馆喝茶时，又穿着一件领口挖成圆形的丝质衬衫，下面的裙子打着几百个活泼的褶子。

各种颜色的丝巾是她脖子上的常客，白丝袜脚跟上会绣着一些花，顺藤摸瓜爬到了小腿肚子上。

就连她的女儿看她在短袄的衣襟上别上一枚绿玉别针时，也会由衷羡慕，小张爱玲曾经当着母亲的面发过誓："八岁我要梳爱司头，十岁我要穿高跟鞋。"

黄逸梵飘逸的审美从那时候起就已经根植于张爱玲的心中，这和血脉相承毫无关系，这是两个女性对美丽事物的共鸣，是与生俱来的一种灵犀，到死都不能将之割舍。

黄逸梵的打扮引人注目，那种艳丽张扬的颜色剧烈冲撞着眼球，迂腐的张廷重看不过去，他盯着在穿衣镜前用心打扮的妻子，没好气地嘀咕道："又做，又做，一个人又不是衣裳架子。"

在他看来，黄逸梵出挑的衣着实在不符合保守的审美，还有招蜂引蝶的嫌疑，对此，黄逸梵总是抱以无谓的一笑，做丈夫的根本不懂她，她也不需要浪费精力和他争辩什么。

虽然张廷重对妻子横挑鼻子竖挑眼，底下的女性用人却在一边暗自腹诽的同时一边照着女主人的样子悄悄改变自己的衣着样式。

她们羡慕的，不仅是黄逸梵的出色外在，还有那种忠于真我的洒脱、我行我素的个人魅力。她们隐约感到，这个女主人和以往伺候过的任何一位大家小姐都不相同，既让人侧目又让人敬叹。

宅子里的日子原本过得不温不火，时间在鸦片的气味中堪堪停住，不再挣扎向前，人们活得如同不起波澜的死水，永远是一片雾腾腾的死气。

但黄逸梵拼了性命想挣脱，她一头扎入外头新鲜的空气中，大口大口地喘息，仿佛身上十万八千个毛孔都在贪婪地苏醒。

那时候，五四新文化运动在整改社会秩序与道德的同时也带起了一股新的文学风尚，咬文嚼字的文言文被言简意赅的白话文体代替，好认好读且充满语言文字乐趣，学习能力出众的黄逸梵很快喜欢上了那些带有鲜明时代特色的报刊。家里新兴的刊物《新青年》《良友》《妇女时报》占据了大半个书架，她沉浸在充溢新鲜思想与品格的文字中，读着思考着，积极汲取新生的力量，与经常翻阅古典文籍的丈夫张廷重形成鲜明的对比。

新文化的输入冲击着黄逸梵的思想，她第一次知道，原来女人并不需要裹小脚、三从四德，不需要遵循很多规矩，原来女人也可以在沙滩上穿着泳衣晒太阳而不必担心被人指指点点，原来女人更可以在爱情中主动出击，化茧成蝶双宿双飞。

《希腊神话》中讲了这样一个故事：

潘多拉趁着愚蠢的丈夫埃庇米修斯不注意打开了一个魔力匣子，结果里面没有她期待的金银珠宝，只有数不尽的灾难与瘟疫，从她打开盖子的那一瞬间，人们就和各种痛苦与疾病为伍，潘多拉惊慌失措，悄悄关上了匣子，留下了世上唯一一件美好的东西——希望，因此即使人类不断受苦，被生活折磨着，但是心中有了希望，才能不断自我激励，在任何苦难面前，人生也绝对充满美好的希望。

如果说黄逸梵从出生时就打开了属于自己的潘多拉魔盒，那么现在焕然一新的外部环境给了她重新树立自己的希望。

她愿意接受崭新的思想，愿意尊重生活的曲折和美丽，倘使她的童年和青春开在一块贫瘠的土地，而她此刻正破土而出，用力开出多情的花朵。

爱美的她还学习西洋插花，用一个造型奇异的花瓶装着插花的绿色胶泥，花朵取材自家宅子的花坛中。但也有例外，她会去花店买价格昂贵的郁金香和卓锦万代兰，按照老师的方法，将花束整理得高低错落，线条优美。她巧手打扮生活着的环境，即使那盆花和老宅子的古典浓厚毫不搭界，她却浑然不在意，在自己营造的美丽而又轻松的小世界里尽情游弋。

她对美有着一种与生俱来的灵犀，传统的国画并不能满足她的探索欲，她喜欢上国外的油画。

自从十五世纪文艺复兴后，欧洲的绘画事业拓展出一片宏伟的蓝图，许多美术家们的思想逐渐从长期的基督教神学的桎梏中解放出来。他们一方面从希腊、罗马的古典艺术中汲取营养，另一方面通过实践和科学的探索，发明了透视法，在绘画技艺上有了巨大的突破。

达芬奇的《蒙娜丽莎的微笑》、提香的《维纳斯的崇拜》、拉斐尔的《圣母像》无一不是震惊画界的传世神作。画面上大块鲜艳的用色淋漓尽致地表现出绘画者心中澎湃的激情与向往，代表着社会变革的喜悦和蓬勃。

这样的画作，它透露出来的深刻内涵无疑和黄逸梵内心履迹相应合。她买来油彩和画笔，从头开始，步履艰难地学习对她来说毫无经验可寻的油画技巧。

尽管学起来十分费劲，她却画得滋滋有味，对于新生事物，她总是怀着虔诚的心态接受，不敢有过多的怠慢。

从那时候起，神秘的西方世界就在她的心里投下一颗小小的种子。她渴望着，哪天能够踏上万里之外的国土，揭开它新奇的面纱。

而这颗愿望的种子，一旦给予它适时的浇水施肥，就会萌发出现实的光辉。

黄逸梵一日千里的变化着，给张廷重带来了巨大的压力。这个平庸的男人顽固不化，乐于在醉生梦死中麻痹自己，对于家族的失望、对于人生的失意，他希望黄逸梵能和他一样继续沉沦下去，继续做满清贵族都喜欢做的富贵旧梦。

对于他来说，黄逸梵看的书是动乱的根源，喜欢的衣服是伤风败俗的开端，去学习新文化是对自己高贵身份的背叛，喜欢外国的事物是蔑视中国传统文化的表现。

他不知道，人的每一次蜕变都是为了迎接更好的未来，有人迎头赶上，有人畏缩不前。时光的车轮碾过旧的尸首，如果灵魂足够光亮，那么在转身的那一刻就不必担心看不清前方的路途。

很多人怀着同样美好的心愿聚集在一起，他们愿意相信今后可以一起依偎取暖，然而现实总会给人上一节名叫同床异梦的课。如同黄逸梵和张廷重，两个人最初站在婚姻的同一起跑线端，选择的是南辕北辙不同的行走方向。婚姻始终并行在不能合拍的两岸，左岸是守旧，右岸是创新，他们站在河的两岸，四目相接，谁也说服不了谁上前一步，渡过鸿沟。

再美丽的故事，总有消沉落幕的时候，幸福的时光容易蒸发在现实的零碎中，撕下光华的面具，人生的真相永远爬满了虱子。

不管怎么说，故事还得继续，灿烂的星空下，有一个名叫黄逸梵的女子正准备开始发光。

到底意难平

有人说：世上没有无缘无故的爱，也没有无缘无故的恨。

爱情基于互相理解，相互扶持，是寂寞无聊驱逐发愣时的光，是我向你微笑时你报以亲昵一晒的微笑，是清晨拉开窗帘时拥吻入怀的踏实，是携手走过每一段路都可以缠成旖旎的默契。

爱情跑得太快，追逐的人难免力不从心，偶尔一个急刹车就把所有甩得不见踪迹，但总有零碎的过往落在脑海深处。

曾几何时，生活总是罩着温情的面具把我们软软地揽在怀里，它妥帖的流年甘醴般的顺着手臂淌过，淌入人心中，人不饮已自醉。几乎就要确定今生幸运地遇到了彼此，从此实践一路白头的诺言，走到生死的尽头。

变化就在一个趔趄后，温情即转为敌意，再也找不回温暖对方的能力。

要说他们婚姻悲剧的起源，早在张廷重年幼时便被埋下，与黄逸梵的童年相比，张廷重度过的是一个极端沉重近乎变态的童年。

母亲，本是多么慈爱温暖的形象，一旦和利益与目的挂上了钩，便产生了诸多难以描述的恶形恶状。

而关于李菊耦和她的丈夫张佩纶的婚姻，从一开始就建立在地位年龄悬殊的基础上，像风雨飘摇的小舟，解锚远航时便已有了脆弱淡薄、不堪一击的迹象，不待揽舟泊岸，已经湮没在连天的风浪中，徒留无限的怅惘和虚白。

关于他们的婚姻，张爱玲曾在《对照记》中有过寥寥几笔的记载："祖父革职充军后，李鸿章屡次接济他，而且终于把他弄回来，留在衙中作记室。有一天他在压签房中惊鸿一瞥看见东家如花似玉的女儿，此后又有机会看到她做得一首七律，先就怵目惊心。李鸿章笑着说了声'小女涂鸦'之类的话安慰他，却着人暗求他来求亲，尽管自己的太太大吵大闹，不肯把女儿嫁给比她大二十来岁的囚犯。"

这以后，李菊耦的命运便随波逐流，彻底远离了待字闺中时的惬意、舒坦。李鸿章去世后，张佩纶悔愧交加，日夜酗酒，也因此，不过多长时间便因肝病去世。他这一撒手，张李两家千钧重的担子便全都撂在了才三十岁的李菊耦身上，为了完成丈夫的育儿遗愿："艰难困苦，玉汝于成。"她奉行了棍棒底下出孝子的教育信条。昔日娘家的尊崇，夫婿的鸿鹄之志，都化为了她一腔望子成龙的热情。

这位博古通今的严母，管教儿子力求从严从重，不仅早早将张廷重送到家族的私塾中念书习文，而且每天亲自盘查儿子的功课，稍有不对，便拿起身边的苔竹抽打孩子。家里的仆人经常能听到书房里张廷重撕心裂肺的嚎哭声，可是没人敢上前劝一劝。

李菊耦因为经历家国巨变，丧父之痛，过激的心态早已与时代格格不入，她的起居生活简单吝啬，在亲戚中也有孤僻怪异的名声。她怕儿子与那些世家子弟来往，混出一身纨绔子弟的恶习，便故意给张廷重穿一些过时的女性衣服和鞋帽，把他打扮得不伦不类。

据后来张家资深的老仆回忆，那些衣服都是上了年头的花花绿绿，鞋子的帮上也绣着鲜艳的花纹。

李菊耦就是要让儿子羞于见人，懂得自尊自重，她的目的似乎达到了，因为那时的张廷重沉默寡言，不太喜欢与人交际，即使出门和小伙伴们玩耍，走过了二门，也会偷偷摸摸换一件衣着。

随着年龄增长，他已经有了正常的羞耻心，每次看见奴仆们偷笑的眼神或者被同伴们围成一圈揶揄起哄时，都会又羞又愧，恨不得掘地三尺把自己埋葬起来。

可恨之人必有可怜之处，老祖宗遗留下来的思想阴魂一样附在张廷重身上几十年。在畸形教育中成长起来的他，新旧杂陈，夹在两个时代的缝隙里两不着地，一切文明在他身上都体现出不和谐的混乱：他会订阅新式报刊，但很少翻阅，也不肯将它们请进书架，只是随手乱搁；他的穿衣打扮也是杂乱无章的，长衫外面套一件不相干的西装背心，不雅不俗，十分可笑。

然而这些都不是引起夫妻反目的主要原因，黄逸梵可以悉心地教他穿衣的礼仪，听他操着八股文的腔调说些不切实际的空话，耐心地包容和纠正他生活中的恶习，一步步引导他进入时代的正轨。

可是她的努力在中毒已深的灵魂面前只剩徒劳无功，从小在重压之下生活的人，因为受严厉家规的压迫，身体到思想都已经彻底和这个时代相悖。那种烂在骨子里的遗少作风一旦脱离了强有力的监管，就会原形毕露，立马让人换上一副丑恶至极的嘴脸。

日子过得太过舒心，张廷重竟禁不住狐朋狗友的哄骗抽上了大烟。

那时的大烟又叫鸦片，是用罂粟花果实的汁液熬炼而成，因为制作不易，所以价格相当昂贵。抽大烟的人每天早晨醒来，都是要靠几口烟喷在脸上才能彻底清醒，常年的老烟鬼更是烟枪不离嘴，吞云吐雾间轻轻巧巧烧去万贯家财。

人一旦抽上了大烟，起初那股刺激提神的劲儿过去了，浑身就会立刻瘫软如泥，没有半点精气神。

自从鸦片出现以来，多少膏粱子弟就毁在这上头，又有多少锦绣人家，在烟枪的焚烧中化为乌有。

黄逸梵厌恶丈夫沉溺在烟海中一蹶不振，夫妻两人为了抽大烟的事不止一次大动干戈。每次争吵，不是恶言相向，就是摔摔打打。张廷重不仅有遗少的做派，还有遗少的脾气，夫妻争吵时，他完全不会谦让黄逸梵，他吼的声音比黄逸梵响，真正火大起来，随手操起一样家什，没轻没重就往地上掼。

花瓶碎裂的声音，桌椅被掀翻的声音，尖锐叫骂的声音，一声盖过一声，平静的家庭氛围被打破，而裂缝一旦产生，就算事后用加倍的热情去填充，也会留下难看的疤痕。

他们只管以争吵的方式来解决争端，丝毫不顾两个年幼的孩子是多么的惊慌失措、孤立无援。张爱玲和弟弟张子静被保姆领去楼上的阳台。弟弟还小，离开父母硝烟滚滚的战斗之地，他就继续无忧无虑地骑他的自行车，玩他的小皮球。

可是敏感早熟的张爱玲却不愿加入，她一个人依靠在阳台雕花的铁栏杆上，一抬头，就看见蔚蓝的天空不知何时蒙上灰蒙蒙的尘埃，就算风拼了全力去吹，也吹不散。

童年的阴影不知不觉张开了巫婆的口袋，罩在了孩子们的身上。他们感到窒息，却无路可逃，他们察觉到了未来生活的黑暗，如今只能走一步算一步。

黄逸梵的失望和悲哀，与孩子的相比，又是另一番滋味了。在她少女时代的美梦中，她以后应该携手的是一个与自己有着共同思想，在人生路上步履一致的良人。只是现实何其残忍，只给了她一个美丽而又短暂的开始，却忘了给予她善始善终的尾声。

她的抵抗，在这个陋习深重的男人面前没有任何效力，尽管事后他会腆着脸近前，用一些无关痛痒的话讨她的原谅，给自己台阶下。但黄逸梵早看穿他的真面目，看穿了他故作轻松后面的虚应和不耐烦。她变得寡言少语，在家里很少再能听到她明朗的笑声。她学会用冷漠疏离的言语给自己竖起了防卫的篱笆，平时除了画画、插花、看书，她基本很少过问张廷重的言行。

事情一旦变坏就不可收拾，张廷重在妻子那边找不到谅解，竟去妓馆寻求安慰。他开始狎妓，在章台瓦舍之地一掷千金讨窑姐们的欢喜。

起先他还不敢公开行事，顾及到黄逸梵的感受只往院子里走动得殷勤，后来见黄逸梵没有回心转意的打算，他索性大大方方带着一个叫老八的条子公然地出双入对。

终于在一个朔风凄凉的夜晚，黄逸梵对婚姻抱有的最后一缕幻想被彻底击碎，五彩缤纷的风筝挣扎着在空中飞了一阵，最后游丝一线剪断在无垠的灰心中。

那天，舞台上丝竹喧闹，演员们飞花点翠演得热闹，大红布帘隔断的包厢里，黄逸梵和朋友聊着天，喝着茶，享受难得的闲适时光。

忽然，她看到楼下出现一个熟悉的男人身影，亲热地挽着陌生女人的手臂，绞股糖似的黏在一起有说有笑，浑然不顾周围人的眼光。

黄逸梵不知道自己是怎么和朋友说了再见，怎么带着女儿回到家的。

她忍了他的荒唐，忍了他的平庸，忍了他的挥金如土，可是她忍不了他的不忠。

她愿意体会爱情的酸甜苦辣，愿意默默地妥协，幻想用真诚感染他，使他成为金不换的回头浪子。

可是女子的爱情终究过于天真，如果用努力就能演出一部童话剧，那么这世上就不会有"王宝钏苦守寒窑十八年"的传说了。

喝得醉醺醺的张廷重回到家中，黄逸梵一再逼问他的行迹，面对妻子的质疑，张廷重的辩解毫无底气，他承认自己在外头嫖娼养了姨太太。

可他只承认这点，在他看来，没有三妻四妾的男人简直不能称为男人，他是爱黄逸梵的，他的爱经不起细节的推敲，但确实存在。他愿意和她共度晨昏，陪着她伴着她到老，不过他也需要其他女人的慰藉。如果黄逸梵是百花园中花大型正的牡丹花王，地位稳固，动之不得，其他女人就是艳丽的点缀，只为满足他的虚荣心和追求声色生活的欲望。

他不觉得自己有什么错，黄逸梵推开窗户质问他外头都什么年代了，他还想着妻妾成群左拥右抱。他毫不客气地把窗户阖上，冷酷无情地回答她，在这个家里，过什么年代的生活都是由他说了算。

黄逸梵又一次失望了，看着丈夫的脸，她觉得两人之间那种陌生感是永远都无法消弭的。她整理好行李连夜坐车回到娘家，走的时候还不能大张旗鼓，以免落人口舌。当然，张廷重也拉不下脸面来挽留她。

回到娘家不久，黄逸梵凳子还没坐热，就被闻讯而来的姑嫂包围起来。起先，她们还陪在身边一递一搭地说些劝解安慰的话。日子一长，她就像张爱玲笔下那个离婚后回到老公馆里的白流苏，被人明着暗着指指点点，存身不得。

张爱玲《倾城之恋》里的白流苏因为家产的问题被哥哥嫌弃，被母亲冷落，她因为思想太过先进，行动过于自由而被人诟病。

姑嫂们告诉黄逸梵，女人嫁鸡随鸡嫁狗随狗，就算外头变了天，这都是颠扑不破的千古道理，只见过紫禁城中皇帝的椅子来来回回换了人坐的，没见过老祖宗的规矩有人轻易能改的。

黄逸梵身处这样的环境，又郁闷又悲伤，她在为自己是个女人悲哀，也在为身边这群愚昧无知的女人们感到悲哀。

那段时间，她几乎闭门不出，每天把自己锁在闺房里，靠着画画、写字打发时间。她坐在房间里，看墙上钟的指针绕过来绕回去，生活像燃烧的蜡烛，一寸寸死掉，一寸寸滑入深不见底的黑渊中。

她发现自己无路可退，无处可走。

就连年龄尚幼的女儿张爱玲也察觉到她的郁郁寡欢。小张爱玲每天早上被用人抱到母亲身边，她爬到方格子青锦被上，奶声奶气地背诵唐诗，一开始母亲总是不甚快乐的。张爱玲总是要逗弄很久，她的脸上才慢慢有了笑意。

对于一个内心充满理想主义的女性来说，这段婚姻给黄逸梵带来的伤害已经远远多于获得的幸福了。

著名作家六六曾说过：

婚姻其实就是枷锁，情愿也好，不情愿也好，一旦套上，就会因为已有的承诺而主动缴械，放弃自由，甚至连梦境这样

一块最后的私有地带，也被无形的高墙监控。

当生活辜负了美好，当黄逸梵被无所不在的失意紧紧包裹，她心底渴望自由与平等的呐喊终于破腔而出。

她的多情只为懂得的人挥洒，她的温柔只为亲密的人开放，她的浪漫只为守候的人舞蹈，她不再选择逃避，而是化防卫的矛为攻击的盾，一把扭转不利的局面。

为了给自己寻找更多乐趣，她不顾张廷重的反对，拖回一架时髦的钢琴，大宅子迅速轰动起来，一批又一批用人寻找各种借口围在窗前或者经过客厅的一瞬，向屋子里迅速瞥去一眼。

他们看到一架黑漆漆的巨大的怪物雄踞在客厅一角，那么笨重，也谈不上美，可是黄逸梵的手指往上面轻轻一点，一串优美的旋律便飞了出来，是和他们经常听到的二胡、琵琶完全迥异的声音。

黄逸梵喜欢弹奏充满异国风情的钢琴小调，她那纤细轻盈的手指在上面飞快地滑动，只有这个时候，她才能感觉生命的轻巧和快乐，像活泼的乐曲一样，满是午后精灵般的阳光跃动在头顶的喜悦。

她很爱钢琴，视钢琴为亲密伴侣，张廷重有时候好奇心起，想要触摸一下，也会被她勒令先去洗手，她用巧手给钢琴做了件鲜艳的外罩，用上好的天鹅绒软软覆盖住黑白琴键。

她如此爱惜它，怕人玷污了它的高贵，几乎不让任何人靠近，只有一个人除外，那就是教她学唱歌的一个意大利音乐老师。

这个年轻的外国老师弹了一手好琴，会唱很多意大利歌曲，声音雄浑，感情充沛，白皙的额头被棕褐色的卷发覆盖，长而卷的眼睫毛下是一双像希腊爱琴海那样明亮透彻的眼睛。

黄逸梵知道自己先天肺弱，她尝试用练习唱歌的方式改变这一体质。每次练习发声，她的手都很自然地搭在老师有力的肩膀上，他身体的温度传到她的掌心，起先让她的脸红了无数次，后来那种脸红写成了一种娇羞的神气。

她唱歌时照例会比钢琴低半度音，每当这时她总是抱歉地看着老师，而年轻人也只是冲她笑笑，大度地表示没关系。

在他眼里，这个美丽的中国女人既神秘又有趣，她羞涩的笑容常常不自觉地带着一股迷惘神气，叫人看了又爱又怜，不自觉地产生保护欲。

他们有时也会用蹩脚的英语互相交流，年轻人开阔的眼界和风趣的语言带给黄逸梵无限的快乐，看着他脸上认真温柔的神情，黄逸梵觉得这样的人真是可亲又可爱。

正是有了这场恋爱体验，所以后来黄逸梵才会说出那句惊世骇俗、令中国男人倍感挫折的名言："和外国男人谈了恋爱，就不想再和中国男人谈恋爱了。"

她的深刻感悟固然是来自于不幸的婚姻，也是女人天性中那种认真逐爱、把爱情雕琢得水晶球般通透明澈的本能。

她没有错，爱情是一个男人的装饰品，对女人来说，却可能成为一辈子伤痛的回忆。男人总是喜欢感觉，女人总是喜欢感情。

她渴望成长，渴望理解，渴望被爱，这是一个女人再正常不过的期许。

张廷重想要把她变成家里屏风上那只栩栩如生的鸟儿，羽毛光滑，颜色浸润，乖巧地豢养在身边，为他空白乏力的生命锦上添花。黄逸梵想要破屏而出，以决裂的姿态周游世界，过一种干脆利落的生活。

谁都没有大错，只是谁都亏欠了青春年华最美妙的那段时间。

有时候，我们辨不清究竟是否真心付出过，在最青春的时候，尝过了各种心情，抱着一个人一段记忆不肯放手。

在梦里，我们和以前的他无数次回到初次遇见的时候，站在灯火通明的摩天轮下，用眼睛一遍遍勾画，用心语一遍遍说再见。

和过去分道扬镳，拒绝梦境被悲伤侵占，夜深人静时，一个人拿着针线默默缝合心灵的创伤。

那些事，那些人，到底意难平。

第二卷

出走的娜拉

风是自由的，它痛快地来，痛快地去，吹开经年沉积的灰埃，那曾被蒙蔽了的婉转风情又于涩微中淌流。它混迹于慵懒的午后，那个睡眼惺忪的梦眼中，左手的微光映出明昧不定的浮尘。

命运如尘，被无形的风吹散于寰宇的尽头，在时间最偏僻的一角灰蒙蒙地搁浅，它永远经不得文字的猜测和洗炼。我们隔着千山万水，一路颠簸来到它的身前，它转手扔出浅笑，流纱掩面，遮住心底深深浅浅的呓语。

漂洋过海的三寸金莲

树根的年轮刻画着时光轮回的痕迹，一圈圈由内向外，拓展延伸。走在人生十字路口的人们，心迹已然没有年轮初画时的仓皇不安，未来盛装打扮，遥遥召唤，轰轰烈烈地驶往光明的出口。

她伸出指尖，把未来的模样悉心描摹，仿佛灵魂早已远去，而躯壳任它风化成沙，留于天地温柔摩挲。

黄逸梵之所以能够乘行光明之旅，缘于小姑张茂渊策划已久的国外游学计划。

张茂渊是黄逸梵的小姑子，张廷重的亲妹妹。如果说李菊耦对儿子张廷重的培养颇有急功近利的味道，那么她教育女儿张茂渊时则掺入了洋务世家的开明和浪漫情怀。

当张廷重每日在母亲重压下焦头烂额地背诵四书五经、修习八股文章时，张茂渊却置身于相对宽松和开明的教育环境中。

她被允许穿着男装在外面走动，很小的时候就送去学校学习先进文化，家里的仆人看见了这位小姐都打趣地称呼一声"少爷。"

这个奇特的女性被教育得相当有见地，为人处世有一种清平的机智见识。她可以在非常寒冷的冬夜，用"视睡如归"来形容着急睡觉的狼狈情形，也可以看见洗头发的水墨黑墨黑时，自我调侃"好像头发都掉了色似的"。

她牙尖嘴利，口才了得，同时明理大度，有种自成一体的文艺气质。可以说，在时代转化的十字路口，她和哥哥张廷重走上了完全不同的路径。她的人生虽然也没有避免尴尬的结局，但至少在过程中她活得精彩，活出了女人独立鲜明的态度。

张茂渊的脑袋里装满新鲜奇异的想法，浑身洋溢的新文化气息和当时的时代格格不入。她从小崇尚太平洋彼岸那些国家热情洋溢、充满个性主义的文化氛围，因此出国留学的打算早早写进了人生的履历表上。

恰好，在黄逸梵的期待中，她应该找到的是一位志同道合、在新时代奋勇弄潮、一起追求新潮流风气的丈夫。但张廷重的形象显然和她心目中的理想人物差了十万八千里的距离。

古人说：失之东隅，收之桑榆。黄逸梵的新生活与梦想在丈夫这儿不能实现，在小姑子张茂渊处却得以生根发芽。

两个同样标新立异、具有强烈个人鲜明色彩的女性，很快因为志同道合的爱好和生活理念融成一片。她们之间的默契与情谊让人咂舌惊叹，对彼此的欣赏使她们孟不离焦，焦不离孟。

下人们没少议论纷纷：少奶奶和少爷的关系不怎么样，和小姑子的关系倒是好得过分。

这对如胶似漆的好姐妹在很长一段时间内维持着忠诚的友

情，她们谁都没想过，两个人会相依相伴，在今后漫长的一段人生里牵手岁月。她们之间的缘分，也许开始仅仅源自于小姑子对嫂子遭遇的同情，但当两颗心靠近后，才发现，一切都是命运最好的安排。命运让两个灵魂同样独立、磁场同样强烈的女子互相吸引，然后搀扶陪伴着走过一程。尽管最后终不免产生龃龉和猜忌，有了隔阂，但最初，她们紧紧抱成一团，在残忍的现实中给予对方温暖与安慰。

就像身处于不见天日的原始森林中，两个迷途的女性忽然嗅到了同类的味道——她们的爱好和兴趣是如此惊人的相似，相投的思想使她们有聊不完的共同话题。

黄逸梵喜欢看新派作品，张茂渊的机智和幽默也恰好得益于新式文学。

姑嫂两人闲来无事，就坐在小花园里一起阅读最新的报刊书籍，黄逸梵对于新鸳鸯蝴蝶派的爱情小说特别感兴趣，张茂渊对针砭时事的杂文评论情有独钟。她们有时互相谈论，交流心得，有时又互相打趣，戏谑对方的审美眼光。

那个时候，带着儿女的黄逸梵和张茂渊能在小花园中消磨一个下午的辰光，就着一杯咖啡几块精致的点心，她们谈天说地，聊理想，聊人生，也聊女人都喜欢的妆容发饰。

在不断地接触中，两个人的思想不断交汇融合，撞击出灿烂的火花。

她们发现，对方的思维方式，对人生的理解与自己竟如此默契，就像齿轮一样紧紧咬合，毫无罅隙。即使彼此身上有些缺陷，那也是断臂维纳斯残缺的美，反倒给对方增添了一丝楚楚可怜的风韵。

黄逸梵小时候被裹了脚，那对三寸金莲放在渐渐开放的时代中看起来相当不合时宜。张茂渊看她穿着新潮的衣服裙子，全身上下都充满了蓬勃热情，唯独一双小脚抱歉地点在地上，鞋子里头总是塞满棉花，看起来有些臃肿，滑稽。

张茂渊十分同情黄逸梵童年的经历，总是惋惜她不能行走自如，因为被裹了脚到底对日常活动有不小的限制。她帮助黄逸梵四处求医问药，几番治疗后，黄逸梵的脚仍是不能恢复原状。张茂渊深感惋惜，为这样一个奇异的女子，美丽却不是最纯粹完美。黄逸梵却不以为然，她对张茂渊说："我就不信，没有一双正常的脚，我就不能过正常人的生活了。"

人人都羡慕话本子里叱咤风云的女英雄，那种豪气干云的气概让万千须眉男子望而生畏，然而人们都只看到了她们风光，却没看到她们背后的艰辛与隐忍，以及作为一个女英雄要承当的压力与责任。一个巾帼人物的诞生，注定是伴着落寞与不幸的，她们只得在危机中苦苦支撑，寻觅坚持下去的勇气，用过人的毅力撑起一段顶天立地的故事才能让后人千古传颂。

黄逸梵决心走出一条不同寻常的道路来，她要做自己的英雄，要给那个时代所有裹脚的女性一个优秀的示范。

在没有光和热的世界中，女人得学会自己给自己温暖与光源。

这世上能够理解她的，只有张茂渊一个人，她理解黄逸梵的想法，她的魅力，她的人生观，还有对于爱情的渴望。

彼时，张茂渊还没有尝过爱情的味道，她对爱情抱有宁缺毋滥的慎重态度。她是张廷重的亲妹妹，但是在对待爱情的态度上，她和哥哥的想法南辕北辙，完全不在一条大道上。

张茂渊深深同情黄逸梵的遭遇，认为一个女子最美好的感情不该浪费在一桩利益结合的婚姻中。每次黄逸梵和张廷重争吵，她总是坚定地站在黄逸梵身边，据理力争，痛批张廷重的过失。

张廷重则认为妹妹是在胳膊肘往外扭，几次被姑嫂两人联合起来驳得拂袖而去。

看起来是黄逸梵她们占了些便宜，但唇舌上的输赢又怎能抵得过现实的悲哀。面对张廷重的荒唐，她也曾反抗过，劝解过。在这场婚姻中，黄逸梵不是没有尽力，而是有力无处使。她想要的，张廷重给不了，她不想要的，张廷重却每每恬不知耻地给予。

争吵好像抽尽了她的力气，失望如鬼魅相随，聚成浓重的阴影，牢牢盘踞在她的心头。

以往吵架了，她还会躲到娘家去，现在她很少再回去了。实在气不过，就躲进小姑子的闺房中，喝张茂渊给她泡的咖啡，看张茂渊悉悉索索打字快乐地挣钱养活自己。

那一刻，黄逸梵是由衷地羡慕张茂渊的。张茂渊比她独立，比她有见识，比她更有能力在社会的一隅站稳脚跟。而她虽然披着一张新潮流的外皮，在这个新旧交替的时代，遗憾和欠缺压在心头愈发分明。

黄逸梵的失落，张茂渊比谁都清楚，作为贴心的闺蜜，她想尽办法安慰黄逸梵，制造一切机会拉近黄逸梵和新时代的距离。女人间的惺惺相惜可以互相渗透、交融，友谊的花朵开在满目疮痍的废墟上，再枯竭也使出浑身的劲儿汲取阳光，它们最终交颈相缠，融为一体，叙写春日里花开一瞬的烂漫。

自由的女子天生有着异于常人的原则和风格，鲁迅曾这样评价过出走的娜拉："娜拉的命运，不是堕落，就是回来。"

《娜拉》是 19 世纪挪威著名文人易卜生创作的剧本。讲了家庭主妇娜拉当初是如何满足地生活在所谓的幸福家庭里，但是她最后觉悟了：自己的丈夫是傀儡，孩子又是她的傀儡。于是她走了，只听到关门声。接着就是闭幕。

娜拉觉悟了，黄逸梵也觉悟了。1924 年，张茂渊决定出洋到英国伦敦游学，整理行装出发前，她盛情邀请黄逸梵一同前往。

在接到邀请的那一刻，黄逸梵的心情是跳跃欣喜的，以往接触过的西洋文化在记忆中又忽然醒过来，挟着新鲜滚烫的热度迎面涌来，将她裹在狂喜的浪潮中不能自拔。梦想向她打开了大门，她有机会脱离与爱无关的生活，蜕变成蝶。

青春如此短暂，眼看华丽的尾巴都要陨落不见，不如放手一搏，给自己不安分的灵魂换个全新的天空。

她欣然应允，对未来的生活饱含期望，没想到做出的决定在家族中引起了轩然大波。即使以小姑子陪读的身份出去，在族人眼里看来，这也是惊世骇俗，大逆不道的。

张廷重反应十分激烈，他摔坏了抽大烟的烟枪杆子，喘着粗气在起居室里来回踱步。站在一边的黄逸梵静静地看着滚至地毯边缘的烟嘴，心里无声地浮现一个嘲讽的微笑。如果当初他能够毅然决然像如今一样把烟枪摔在地上，永远不碰大烟，说不定她还愿意留下来和他续写夫唱妇随的婚姻。

可他是那么自私任性，用腌臜的手段逼迫得她在婚姻中一退再退，直至无路可退。她的心灵受到了重创，海外游学无疑是剂良药，她需要它抚平伤口的疼痛。

即使夫妻关系僵到了极点，她也想在离开前好好和张廷重谈谈，毕竟夫妻情分还在。

晚上吃过了饭，黄逸梵悄悄走到书房外，看见张廷重的影子映在窗户上来回晃动。他在独自吟咏那些老得早该扔进坟堆陪葬的八股文，吟诵的调子给人十分怪异的感觉。更可怕的是，不一会儿，他将女儿张爱玲抱在了膝上，一字一句教她背诵诗歌。

张爱玲奶声奶气的声音细细传来，黄逸梵贴近窗户留神听去，女儿居然在背诵杜牧的《泊秦淮》："商女不知亡国恨，隔江犹唱后庭花。"

她震惊了，以前只知道丈夫拘泥迂腐，停留在过去的好日子里满肚子陈芝麻烂谷子，现在她才发现，丈夫的命运是如此狼狈。他的灵魂已经彻底腐烂在前朝旧代中，根本没有想过要借尸还魂，在新时代里闯出点名堂来，或者，他能生活下去也全是靠着鸦片和堂子里的漂亮小姐支撑。

他已彻底无药可救了，而她显然没有起死回生的本领。

黄逸梵转身就走，在她离开的一瞬间，那些愧疚不安已经灰飞烟灭。

张家的大宅子在这阵子异常热闹，家里来了一批又一批亲戚，与其说是过来调停的，不如说她们是看笑话的。黄逸梵和张茂渊轮番上阵，应付亲戚们琐琐碎碎的絮叨。

先是有人搬出大夫人在世时的训话，被黄逸梵四两拨千斤地轻轻带了过去。后来又说到两家祖上的家训，说来说去，难免会和李鸿章当初洋为中用的想法产生矛盾。于是说解的人自己都觉得讨了一鼻子的灰，没劲得很。

亲戚们好话说了一箩筐，黄逸梵和张茂渊只当自己是个聋子哑巴，统统不接招。她们知道这些人嘴里说着仁义道德、祖宗规矩，心里却比谁都自私自利，平时在家不是浑浑噩噩过日子就是纵容着丈夫胡作非为。女性意识在她们看来和天方夜谭没有区别，话不投机半句多，如果有人愿意装傻下去，她们也只好不去理会。

亲戚们开始还装模作样劝和两句，后来就只管待在张家公馆里吃吃喝喝，打麻将看大戏，当作度假休闲一样过日子。

张廷重看着已去的大势急得吹胡子瞪眼，这才意识到黄逸梵这次下的决心有多大。他感觉黄逸梵和自己行走的路在交叉重叠后向着不同的方向延展：她成了蓄势待发的弓箭；他成了泡在声色犬马中的走肉。

于是临动身前他自导自演了一场偷盗闹剧，这场闹剧非但没有阻止黄逸梵离开，反而在家族中流传开来，成了众人的谈资。

黄逸梵和张茂渊本来已经订好了轮船票就要出发了。

结果，姑嫂两人因为这几天应付亲戚，收拾行李十分劳累，谁也没听见家里闹出的动静。等第二天仆人们大惊小怪嚷了起来，她们才急急忙忙奔下楼梯，检查自己的损失，然后打电话报巡捕房稽查贼犯。

巡捕房里的人事先得了张廷重给的好处，到了案发现场后只是马马虎虎地勘查一番，搪塞敷衍，根本没放在心上。

黄逸梵和张茂渊气了个怔，但也无法可想，只好忍气吞声重新改了船期，回家后背着张廷重再次收拾行李。

这次收拾的行李物件又有不同了，为了防止离开时张廷重偷偷扣押或者变卖两人名下的古董首饰，姑嫂俩把值钱的东西都拿在了身边。

阴暗的前厅散着洋服，香水，布料，相簿，一盒盒旧信，一瓶瓶一包包的小金属片和珠子，还有最新款的鞋样，鸵鸟羽毛做成的扇子，檀香扇，成卷的手工地毯，古董。

这些东西，拿着既可以送人，也可以在非常时期善价沽之。它们都被装在一个个大大小小的竹篚中，外头一层塞满了棉花，包扎得十分稳固妥当。

怕张廷重又耍花招算计了行李，姑嫂两人通宵达旦轮流看守，有时候实在累得不行，就叫老妈子来帮着看一会儿。

黄逸梵紧紧抓住这个可能是唯一逃离失败婚姻的机会，她不许自己留下遗憾，更不许自己在夜半梦醒的时候后悔退缩。

也许，她还是会惆怅，"闻君有两意，故来相决绝"。没有一个女人会不喜欢"愿得一心人，白首不分离"的相守。

那些挣扎和痛苦，不是过来的人，不会明白它有多么折磨人。

就算和张廷重的相遇是场错误，她也幻想错误变为圆满，所有的棱角可以在婚姻里慢慢磨合，细腻滑润。

如果每次争吵他都能及时喊停，如果他愿意为她改变姿态而不是要求她一力迎合。如果他能再新派些，再勇敢些，她就不会插上双翼漂洋过海。

缘分的浅薄只在一念之间，遇到对的人何其有幸，而更多的爱，都是无疾而终，以万分狼狈的姿势着地。

黄逸梵在收拾行李的时候，偶尔发怔，难过着，她的儿女们小心翼翼避开行李走到她身边。她还没有从悲伤的情绪中抽离，她偏过脸，擦干眼角的泪，不耐烦地哄着孩子们："好了，都出去吧。"

这个时候，她和他的世界彻底生分了，包括两人生下的孩子，都是曾经想要守在一起的证明，也是曾举案齐眉的缩影。

她的痛苦没有办法找到发泄的出口，正回过头来一步步啃咬着自己。她是矛盾的，毕竟没有哪个女人不留恋家的温暖，哪怕是不完整的、只字片言的，那也是从小失去父母之爱的人曾努力想靠近的火源。

离开的那天，黄逸梵穿着齐整后伏倒在床上哭泣不止，就连张茂渊也不能劝停。她脆弱的肩膀上下抖动着，像一片离树的叶子，彷徨无助，不知道此身的归宿究竟在哪里。蓝绿色的衣裙上钉满了闪闪发光的金属亮片，随着她抽噎的动作齐齐翻滚，似无穷无尽的海洋。

时间仿佛倒回，回到她出嫁的那天，他深情而迟疑的凝睇，她则回以浅浅一笑，把下半生的幸福交付他手中。

他教她英语，用并不熟练的打字手法在照片后打出她的英文缩写：DR·MS. huang，甜蜜溢满了心间，经久不散。

他陪她去看电影，晚餐后两人携手走在公园的路上，岁月如静玉生香。

她一想到这些，就哭个不住，似乎等他来安慰，就算最后的结局还是离别，她也要亲耳听到他来挽留自己一次。

为了那么多年来的相濡以沫，为了她曾经替他留过的泪受过的委屈，为了她还对他抱有的一点眷恋，为了给这段婚姻画一个不算分崩离析的句点。

她都奢想他能出现，可惜张廷重不会这么做，他只是怯懦地躲在书房里的窗帘后，没有勇气拉开窗帘目送妻子最后一程。

黄逸梵觉得自己的爱沉沉死去，连点灰烬也没有留下，张廷重也觉得自己的爱走到悬崖峭壁，下面就是万劫不复的生死离别。

明明还有机会表白真实心情，还是让惋惜代替了皆大欢喜。爱与恨都无补于事，和往事干杯，再背上千钧重负，一步不回头地离去。

黄逸梵终于动身上了船，鸣笛一声巨响，她望着慢慢消失在视线中的天津港码头，咸湿的海风吹乱了头发，也吹干了脸颊上的泪水。

她知道，这辈子，为那个叫张廷重的人流的泪水，已经全部干涸，以后这世上没有张夫人黄素琼，只有黄逸梵——一生飘逸的逸，一世梵唱的梵。

渐远的亲情

岁月与命运格外的亲厚，肩并着肩穿越于万家灯火的辉光中。当时的人起了爱慕的心思，万千情绪交织成网，试图从中攫取自由那隐约的芳踪。总是在低眉顺眼的一瞬，勾起了种种过往的记忆，呵气成云。再回时头，已经隔了两个永远没有交集的维度。

歌剧《卡门》中，那个热情奔放的吉普赛女郎在生命终结时，发出一声激动地呼喊："卡门是自由的。"

自由亦是命运的恩赐，在深浅不一的岁月中独自躺着很是寂寞。人若有心，终能把它寻觅到，然后一滴不漏掬捧在手心。

取清水洗涤暮色深深的过往，擦净模糊的片段，黄逸梵迎来了蓬勃绚烂的人生朝阳。

她在去法国巴黎的船上度过了整整两个多月惬意的时光。在船上，她和同行的张茂渊兴致勃勃地计划着今后的生活，描绘心中的巴黎盛景。未来给她呈上了极为丰富的宴席，举手仰俯间，她就能捕获一手的精彩。

每逢傍晚，黄逸梵也会依着船栏静静欣赏大海的风景，这时一幅生动的画面就在我们眼前展开："黄逸梵穿着一袭西式长裙侧身站在船舷边，一手扶着栅栏，一手自然地插在口袋中，海上浓霞泼染，勾勒出她精致优雅的侧影，她的眼睑自然下垂，仿佛是望着波澜起伏的海面在凝神思考。"

空阔无边的大海变幻莫测，时而瑰丽，时而清澈，远处水天相连，展现在眼前的是个极端自由和广阔的世界。黄逸梵深深吸一口气，混合着海水腥味的风溜进鼻腔，刺激而又清爽。她终于摆脱了过去的阴影，欣欣然接受了命运的馈赠，用尽全力去发光，发热，生动得像一匹流光从天空划过。

轮船缓缓靠岸，生活也进入另一种全新模式。黄逸梵和张茂渊的首站选择了浪漫之都法国巴黎。两个人在安静的街角租了一间房屋，大包小包的行李拎进屋子，引得路人驻足窥探。那时候的西方城市很少出现东方人面孔，就是有，也以男性居多，而这两个东方女性，带着神秘的气质仿佛从天而降的女神站在熙熙攘攘的街头，实在是过于攫人眼球。

张茂渊安顿下来后，便着手办理入学手续，很快进入大学踏上学习的正规。没有亲密友人陪伴的黄逸梵也没闲着，独自一个人踏遍了巴黎的每个角落。

她第一站去的是举世闻名的埃菲尔铁塔。

黄逸梵身着飘逸的长裙，面对埃菲尔铁塔伸展双臂，做出鸟儿飞翔的姿态。

那一刻，蓝天白云向她俯首而来，她衣裙猎猎，像是要融化在乳糜似的阳光里。

背过身去的一刹那，有旁观者给她照了一张照，画面上的她眉眼如画，饱含少女一样新鲜的快乐。她道谢后小心收藏着，岁月就在照片中留驻了脚步。

这个城市不负浪漫之都的名声，一座号称不夜之城、爱情之城的城市总是伴随很多美好的历史。在巴黎，有雨果、大仲马、巴尔扎克笔下唯美的生活场景，也不缺乏塞纳河、凡尔赛宫、凯旋门这些印象画派的创作源泉。

黄逸梵最喜欢去的地方是巴黎卢浮宫的博物馆。在那里，有很多举世闻名的古典绘画向人们展览，《蒙娜丽莎的微笑》《入睡的维纳斯》《日出·印象》……黄逸梵徜徉在一幅幅画作前，久久不肯离去。她的眼睛目不暇接，接受着大块的浓烈色彩带来的视觉冲击，西方油画浓郁热情的特点深深吸引住了她。

尤其是那幅《入睡的维纳斯》，黄逸梵在它面前举步不前，久久不能离去。在画中，置身于大自然怀抱里的，是胴体优美的维纳斯。她酣然畅睡，美妙的睡姿与周围的风景融为一体，没有衣物束缚，爱与美的女神更显纯洁神圣，充满人性原动力的美。

黄逸梵颇受感动，眼前的维纳斯与她的身影渐渐重叠，仿佛她漂洋过海来到这里的目的，就是为了能抚摸一下画幅中那触及灵魂的自由。

黄逸梵从此迷上了画画，虽然在国内她也学过些绘画技巧，但只是小打小闹，不成什么气候。这次，她拜的老师正是后来蜚声画坛的大画家——徐悲鸿。

说来也巧，那一年徐悲鸿正好携着妻子蒋碧薇来巴黎游学，学习西方绘画技巧。这个风度儒雅的国画大师在画坛上成就斐然，获誉无数，在爱情上却交了一份不甚完美的试卷。他与蒋碧薇半生纠葛，半世仇睨，曾经的佳偶终成怨侣，在岁月中葬下无数遗憾。

当初徐悲鸿和蒋碧薇一见钟情，二见生情，两人瞒着家人一起私奔到日本又转道巴黎。蒋碧薇的家人为了家族颜面，不得不大张旗鼓给女儿举办了一场葬礼。也许在他们心中，这个不告而别、与情郎携手离开的女儿在踏出家门的那一刻就已经死去，他们凭吊她的如花笑靥，却不能原谅她的大胆任性。

或许彼此身上那种相同的属性又拉近了黄逸梵与蒋碧薇的距离。两个人熟悉过后，渐渐无话不说，成了亲密无间的闺中好友。

黄逸梵在徐悲鸿的指导下，画技日益长进。她小时候受到的女红训练在此刻派上了大用场，她对美学与生俱来的敏感和悟性令她学习油画得心应手，大放光明。

对色彩的调和运用，黄逸梵自有一套心得。她认为色彩的对照与和谐应该不受拘束，所有颜色应该服务于人的视觉，而不是视觉被颜色牵着鼻子走。

她的模仿与创作能力惊人，在学习的过程中不断突破、创新，加入浓厚的个人意识，使得她的画作有着别具一格的风韵。

据说她曾经留下过以自己为创作摹本的少女油画。油画上的少女身形纤细，有着敏感的薄唇和略带忧郁的眼神，她笔挺的鼻子勾勒出倔强不屈的弧线。从画中观照出少女的内心，带着六分热情与四分看透世事俗情的冷漠。

黄逸梵渐渐在绘画界有了些小名声，蒋碧薇称她为画家黄女士，在一帮旅法画家眼中，她是颗纵脱潇洒的绘画新星。

徐悲鸿去巴黎举办画展的时候，邀请两个西方画家做客，作陪的人中，就有一个是黄逸梵。

除了学习绘画，她还迷上了雕塑。在老师的指导下，她用一个塑料铁架做骨架，在四周扎上若干小的十字架，然后覆上泥巴进行放大塑造。雕塑也是美的一部分，黄逸梵爱美，对于美的事物向来不拒。她认真学习，凭着自己的心灵手巧，她的雕塑作品日渐成熟，风格自然活泼。追求真实不虚的美，这点和她身上力求完美、卓越力行的气质相当符合。

聪明的女人还善于给自己的魅力增加砝码，闲暇之余，黄逸梵除了学习和交际，也在努力学习英文。由于英文基础十分薄弱，一开始她并不愿意开口与人交流，生活的圈子也以华人为主。随着交往圈子的扩大，不能开口说流利的英文已经成了切肤的痛苦，黄逸梵逼迫自己必须学习英文。除了和友人的书信往来使用英文外，她也大量通读英文书籍，给家里儿女们的书信也是用英语写作。她不管孩子们看得懂看不懂，自顾自沉浸在学习英文的乐趣中。用英文与人沟通，在沟通中抒发自身细腻柔软的情怀。

当然，和生活交锋，不止是角对角，硬碰硬，来一场毅力和能力的角逐。它也有温情率性的一面，一不小心，你就会被抓个正着，和那些细碎的小快乐翩然为舞。

蒋碧薇和徐悲鸿是老夫少妻配，蒋碧薇明媚开朗，徐悲鸿稳重老成。两个人的生活习惯不尽相同，长久相处难免磕磕碰碰，发生口角。黄逸梵这时就充当起和事佬的角色，她把蒋碧薇邀请到自己的房中喝茶，亲自做些精致的吃食，与蒋碧薇边吃边聊，打开女人多愁善感的心结。

张茂渊要是有空，也会陪着一起说笑。三个女人亲亲热热围坐在一起，喝喝茶，谈谈心，谈笑声顺着窗户飘了出去，高高扬起在巴黎的天空中，随风游荡。

那时候，就算过去再不堪，拥着现在明媚的日子，也必定是心满意足的吧。此刻是黄逸梵人生中最精彩的片段，她像一张船帆，尽力鼓出生活充满力量的线条，朝着自己想要达到的彼岸，奋力行驶。

但任何的光鲜都有不同的两面，躺在华美的花纹下，生活的底子确实雾沉沉的黯淡。她得到了现在想拥有的东西，而人与人之间维持热情关系，血液里交互融合的亲情却离她越来越远。这点，黄逸梵恐怕是做梦都没有想到的。

画面到此，被陡然切割成两半，黄逸梵身后的背景，光亮耀眼，花枝招展，缤纷的人生争妍斗艳，顺着瓮裂的线条填补曾经的灰暗。

　　而天津张家老宅子里，浮尘蔽住雕花的木窗、漆木的家具像不散的死魂立在暗沉沉的屋中央，一格格房间乌蒙蒙的，晕出黄色的陈旧色调。屋檐下挂着的铁马禁不住风的撩拨，叮当作响给老屋子增添些活的生气。

　　黄逸梵走后，少了顾忌的张廷重彻底滑入了声色犬马的泥沼中。他把养在在外头的堂客老八娶进了屋，充作姨太太，家里不定时地邀请酒肉朋友上门喝酒作乐。每次聚会都会叫上几个烟花女子作陪，老宅子里乌烟瘴气，连下人也看不过去。

　　黄逸梵肯定没料到，她喜欢坐的铁质软垫的椅子被一对堂子里的姐妹花占据着。那对姐妹花"都是美人，既黑又长的睫毛像流苏，长长的玉耳环，纤细的腰肢，轻声细语，有着良家妇女的矜持"。

　　是的，张廷重喜欢她们身上透着的矜持，唯有这样恪守妇德的表现才能安抚他心中的暴躁。黄逸梵人走了，她的张扬不羁还盘旋在这老宅子里，像四裂的碎片嵌入心中，碰不得拔不去，成了心中微微作痛的隐疾。

　　张廷重不愿意在人前提黄逸梵的名字，并且他也不许别人提起这个名字。孩子有时候让他写信给黄逸梵，他要么沉默不语，要么生气地轰赶出去。

　　张爱玲和张子静就在这样的环境中成长着。他们的生长轨迹扭转出一个畸形的弧度，还没有感受到世界释放的善意，已经先在父亲的冷漠和母爱的缺失中丢了童年应该有的感动。

　　这时候，善于笼络孩子心的老八见缝插针，代替了黄逸梵的崇高地位，变成一个看起来还很不错的母亲。

老八是堂客出身，拢取人心的本领不容小觑。黄逸梵在外国游历时，给孩子寄来了很多东西，画册、洋娃娃、空气手枪，还有一封封情真意切的书信。这些东西经不得老八的眼，要是仆人手脚伶俐些，或者还有好玩的东西能到姐弟俩手上，要是先让老八看到了，她就找个地方悄悄藏起来或者扔掉。

老八脾气不好，只宠爱张爱玲，她觉得女孩子宠宠没有什么大事情，要是宠坏了张家唯一的嫡子张子静，这个罪过可不小。

黄逸梵也肯定没想过，她的女儿张爱玲一开始还坚定地站在她的身边，拥着记忆中母亲形象，在用人何干的怀里汲取温暖，但后来就心生叛意，转而投向老八的怀抱寻找童年的乐趣。

张爱玲起初还是拒绝父亲带她去看新姨娘的好意的。每次都不肯踏出宅子大门一步，小手死死扒住门槛，双脚乱踢乱蹬，惹得张廷重气急了，就下手打她的屁股。张爱玲在哭哭啼啼中被带到了老八身边，很快她就止住了泪水。那里真是有趣极了，会举行各种各样的宴会，还有很多好吃的东西填嘴。

张爱玲不再抗拒有老八的生活。作为孩子，被人宠被人爱几乎是本能的要求。张爱玲陪着老八看戏，逛商场。有一阵子，老八经常带她到起士林看跳舞。每次参加舞会，张爱玲都能吃到涂着一层厚奶油的蛋糕。对于孩子来说，好吃的食物胜过一切。张爱玲连吃带抓，胖嘟嘟的脸上都是满足的神情。

老八给张爱玲做新潮漂亮的衣服，她用挑唆的口吻向不懂人事的张爱玲炫耀："你看我对你多好，你母亲以前总是拿旧布料给你们裁衣服，哪里舍得用整幅的丝绒，你喜欢我还是喜欢你的母亲？"

　　张爱玲没有经受住新衣服的诱惑，脱口而出："喜欢你。"

　　母亲的形象轰然坠崖，在地上摔得支离破碎，偶然的碎片扎入孩子的心湖，也带不起滔天的大浪，只有细小的涟漪。

　　以后张爱玲也为这样回答老八的话感到愧疚过，可是孩子的心是真诚的。他们不懂得撒谎，不知道伪装，好就是好，不好就是不好。在那些时间，老八的爱已经压过黄逸梵。老八在这件事上胜出了，博得了张爱玲的喜欢，而原本这些喜欢，是应该留给母亲黄逸梵的。

　　心酸还在继续，故事不会因为一个女儿对母亲的爱越来越稀少而停止，它顿了一顿，往更痛的方向狠狠刺过去。

　　老妈子们很少在张爱玲和弟弟面前提起黄逸梵，有一次心血来潮，拿着照片让两个孩子辨认。

　　老妈子问姑姑是谁，张爱玲指了指照片上的一个女子，一脸的不在乎和冷漠。老妈子又问妈妈是谁，张爱玲指了指黄逸梵，脸上仍旧不起波澜，仿佛在辨认一个陌生人一般。

　　原来张爱玲能辨认出姑姑和妈妈，不是因为她将她们牢牢记在心中，而是因为早慧的她记住了，妈妈应该是比姑姑长得好看些的。她以丑美论亲疏，母亲在她心目中变成美的符号，这个符号冷冰冰的，不带丝毫烟火气息，更没有热量。

　　这就是黄逸梵在小张爱玲心目中的地位。

　　最后，老妈子总结了一句："他们倒还好，不想亲娘"。

　　轻飘飘地把远在千里之外的黄逸梵推出母亲的宝座。

　　孩子的心和身体一样透明柔软，他们不理解大人之间烽火连天的故事从何而来，就像他们不理解太阳为什么一定要东升西落，星星一定要在太阳落山后才肯眨起眼。在他们眼中，母亲就是何干，就是张干，就是打着长刘海、面孔刷白的老八。除此之外，母亲的含义实在太过空白，任凭他们如何伸手抓取，得到的总是空冷冷的回应。

生活脆弱得像泡泡，很轻易被现实戳破，亲情如银瓶乍裂，淌了一地伤痕，然后慢慢蒸发，无迹可寻。

如果黄逸梵知道以后会跨不过与孩子隔阂的栏杆，当初她还会义无反顾地登上西去的轮船，头也不回地离开吗？

她大概会有些犹豫不决，这一去，就将自己和孩子置于两个临近的奇点，空荡狭窄又互相透明。他们各自站在两头，遥遥望去，有一厢情愿，有幽怨成恨。

偶然的温暖不能安慰心灵居无定所的人们，因为故事还在继续，人们也只能随着时间跟跟跄跄前进。

一半烈焰，一半寒冰

有一种美味的食物叫做火焰冰激凌，在软嫩的香蕉上摆一个口味浓郁的冰激凌球，一起置于洒了食用油的铁板上，待食客们屏气凝神，举起手机对着即将开场的震撼画面时，大厨不慌不忙地点起火来。

顿时，一股橘色的火焰挟着千军万马的热量扑面而来，火焰在空中席卷，与冰冷的空气再三纠缠，像贪婪的蛇信吸取空气中的水分，再将饱含的热能尽力吐哺。它没有其他的目的，以这样吓人的形态出现也不是为了吸引旁观者的注意。它只是专心致志做一件事，试图用剧烈的热融化它身下那颗静置的冰激凌。

你、我、他的命运，也往往如同这种冰激凌一样，置身于水深火热两重天中。火焰的那一重，是天寒地冻中跃动的欣喜，在雪白冰冷的惨淡里劈出一线热，那线热只依照预先设计好的路线婉转蛇行，它只温暖拥有它的人，其余的人，是苦是乐，是冷是暖和它都没有关系。

而寒冰，在这方冻结实的天地中愈发的坚硬冰冷，手握住它的人难免想要靠近发光发热的源头。只是距离隔得太远，在伸手乞讨的瞬间，说出去的话硬邦邦地上了冻，掉落在地，叮铃一声，留下一个惘然的哀叹。

黄逸梵的生活燃烧得正热烈，她的足迹踏遍了欧洲每个角落，一步一个烙印，给人生结结实实烙下华彩的印痕。

从法国巴黎出发，她辗转于欧洲列国之间，在千湖之国的芬兰，黄逸梵渡过一个美妙的假期。

芬兰的森林阔而密，如巨人般的树木像支支利剑直插云霄。她与张茂渊并身而行，也不是特意为了什么要交流说话，只想在郁郁葱葱的森里安静散步，听三寸小脚碾过地上厚铺的落叶，发出咔嚓咔嚓快乐的声音。

有时候，她也会一个人安静地坐在小船上，船就系在河岸上。她拿着画笔描摹精致的天空美景，划船的芬兰小伙起先还为了能引起她的注意故意制造话题与她攀谈。及至柔软惬心的景色在她的画笔下渐渐成形，小伙子也就闭上了嘴，完全被吸引于她的创作中。

离开了绿色的芬兰，她又去了爱尔兰、荷兰、比利时。爱尔兰浪漫的诗赋令她浸润在野蔷薇般的情愫中，给她增添了迷蒙柔婉的风姿。荷兰的郁金香盛开了，浓红艳紫里，黄逸梵闲闲坐着。她手搭凉棚，望着像火焰一样燃烧到天际的花丛笑得风情嫣然，让人分辨不清到底是花衬托了人的风流，还是人增添了花的艳丽。

张爱玲曾对自己今后的生活这样构想着："我要比林语堂还要出风头，我要穿最别致的衣服，周游世界，在上海自己有房子，过一种干脆利落的生活。"她最想做的就是和黄逸梵一样，去英国深造。总之，张爱玲的理想与黄逸梵的生活不谋而合，同样力求把人生经营得多姿多彩，韵味无穷。

黄逸梵不辜负那些为她喝彩的人的期望，她的三寸金莲踏上了阿尔卑斯山脉。在这里她做了一个惊世震俗的决定，要从这里的滑雪场一跃而下，与巍巍群山同行，慑服高山，登顶别人眼中的不可思议。

被滑雪人誉为世界十大滑雪场地之一的维毕尔滑雪场，是她要征服的对象。这个一流的滑雪场地处于高大险峻的策马特和白朗峰之间，两旁林木稀疏，视野广阔。滑雪道自然成形，终年沉积厚雪，适合新手练习。

黄逸梵和张茂渊戴上厚厚的滑雪镜，全身包裹严密，就连手部和膝盖也做了很好的防护。她们都是第一次滑雪，滑雪教练不敢让她们滑得多远，只让她们在眼皮子底下做些基本的滑雪动作。张茂渊老老实实地按照老师的要求，拿着滑雪杆在原地来来回回地练习，滑雪的人自她身旁飞快地窜过，划出一道雪霰子，珠帘一样盖在空中又软软地拍在她身上。她觉得乐趣无穷，拉拉身边的黄逸梵，示意她看别人精彩的动作。

黄逸梵盯着看了一会儿，忽然拿起滑雪杆，小心翼翼又步步坚定地朝雪道的下方滑去。张茂渊看了，大觉刺激，既担心又羡慕，她犹豫了会儿，终于也脱离教练的视线，顺着黄逸梵离开的方向滑去。

教练声嘶力竭的呼喊在她们身后响起，他的担心不是没有道理，张茂渊滑雪技巧显然不如黄逸梵娴熟，一只脚才踏进滑雪的门槛，这样冒冒失失地滑雪简直是在和自己的性命开玩笑。

而黄逸梵呢，虽然滑雪技术比张茂渊好些，可是在她穿雪地靴的时候，教练已经注意到她那双打眼的小脚。他从来没听过中国女子有裹脚的陋习，只当她的脚天生失常，这样的小脚是无法有力准确地控制脚下的滑雪板的。

果然，姑嫂两人不多久就纷纷摔在滑雪道上，她们咕咕笑着，并不害怕，人群从她们身边滑过，有人停下来伸手将他们搀扶起来，递上善意的关心。黄逸梵拍干净身上的雪花，深吸口气，拒绝张茂渊想要回头的提议，再次拿起滑雪杆顺着雪道滑了下去。

几次尝试后，她已经能很好地控制脚下的滑雪板，她灵活轻巧的身姿像尾灵动的游鱼，在满山遍野的白雪中划出雪色的浪花。

阿尔卑斯群山中，这个身材纤细的女子，裹着一层薄薄的风雪，精灵一样飞翔在起起伏伏的群山之间。山峦在她脚下起伏出浑圆饱满的曲线，天地似巨大的穹庐，在她身边扩张成浑然一体的背景。张茂渊的身影在背景中起先是模糊的一大块，然后缩略成小小的一点，最后消失在黄逸梵的视野之中。

风呼啸着从她的耳边掠过，黄逸梵的身体和心灵都在自由地飞。她手中的滑雪杖仿佛成了指挥命运的权杖，而她就站在命运女神的掌心中，以傲视众生的凛然之态审视着一切。

她是自己的主宰，她知道。

幸运之神也总是偏爱自强不息的人，从阿尔卑斯滑雪场里回来的黄逸梵，小脚在欧洲大陆转了一圈，又回到了原来的出发点——巴黎。

在这里，她遇见了文学大家——胡适。

和那个时代所有锋芒毕露的才子一样，胡适跌宕起伏的一生始终为后人津津乐道。后人评论他"为家事忙，为国事忙，为情事忙"。他在命运中颠沛流离，一身才学，满腹经纶，对爱情、对人生、对事业都有深刻的体悟。

他也是那个时代活得轰轰烈烈、潇潇洒洒的人。

两个潇洒的人碰在一起，爱情之火没有被点燃，友谊之花开得姹紫嫣红。

黄逸梵经人引荐和胡适交上了朋友。彼时，胡适正在巴黎游学，他时常奔波于大西洋两岸，作风上既有中国男人的细腻隐忍，也有外国绅士的达观开朗，很受女人们的欢迎。

胡适喜欢打牌，黄逸梵是他牌桌上的宾客。他们打起牌来往往不分昼夜，不到兴尽时决不肯轻易收手。关于胡适打牌的趣闻，曾流传过他留学时记录的日记，仔细留意读去，我们就能一窥胡适牌瘾之重。

7月4日

新开这本日记本，也为了督促自己下个学期多下些苦功。先要读完手边的莎士比亚的《亨利八世》

……

7 月 13 日

打牌

7 月 14 日

打牌

7 月 15 日

打牌

7 月 16 日

打牌

一个月倒有半个月消磨在牌桌上，胡适忍不住自我反省，拿出孔子"吾日三省吾身"的话来调侃自己。

黄逸梵愿意和这样风趣的"瘾君子"交往，几个人在牌桌上厮杀得尽兴。胡适满肚子学问，说起笑话来也文绉绉，不带半点猥琐粗鄙。和他在一起打牌，黄逸梵觉得自己像块干燥的海绵，谈笑风生间吸取了文采精华，她洗了个酣畅的文字澡。

黄逸梵就是这样，她打牌不全为了消磨时间，世界上还有很多地方她没有走过，她的时间本可以用在外出旅游采风上。但她小时候因为只念过私塾，学的也都是旧文化旧知识，她最向往新式学堂，向往现代白话文字串连起来的新生活。和胡适这些文人交往，她的"新学堂"梦算是圆了一半。她人是旧式家庭的出身，可她的心从来没有陈旧发霉过。

特异独行的女人总会引起男人的注意，更何况黄逸梵确实不同凡响。几场牌打下来，胡适注意到了牌桌上这位美丽的"张夫人"。在他眼里，黄逸梵是个不太爱作声的人，眉目间总盘桓着烟笼薄纱一样的愁绪。她的长相和红楼梦里的林黛玉没有任何相似之处，可是她纤弱的身材，淡然的气质却总能让人将两人联想到一处。

几次交谈过后，胡适又否定了黄逸梵外貌给人的印象。她看起来并不像外在那样柔弱无力，反而在漆黑的大眼睛中，不时泛起坚韧有力的光彩。

这不是庸俗的女人，胡适给她下了个妥帖的注脚，黄逸梵因此成为胡适好友名单中的一个。两人关系好到什么地步呢？据说后来张爱玲去拜访胡适，还是因为她母亲的缘故才得以同他见的面。

当时留学生圈子中除了不定时举行茶座会，还流行举办各种联谊活动。而举办这些活动的目的，就是用来热络留学生彼此的感情。黄逸梵也曾多次随张茂渊参加这样的舞会。

在舞会场上，她是大家眼里神秘诱惑玫瑰一样的美人儿。

每次参加舞会，她的装扮总是全场瞩目的焦点。有时她穿着一袭旗袍，黄逸梵略带混血儿模样的气质原本并不适合穿旗袍，可她偏偏巧思妙用，中西合璧。高至耳垂的元宝领削去了领骨，雕刻出尖尖瓜子脸的形状，黄逸梵本来烫着一头时髦的卷发，现在被她井然有序盘在脑后，两边挑下些发丝，行动起来垂逸飘洒。盘花的纽扣自修长的颈子一路延下，在微微凸起的胸口打住，用一枚别致的梅花水晶装饰出古典盎然的气韵。她腰身纤细，长身的旗袍恰好衬托她亭亭玉立的身姿。

不说话光坐着，就让人觉得那是幅玄妙的美人图。

黄逸梵的眼睛越过众人的头顶，淡然自若地接受男男女女们目光中的惊艳与羡慕。她知道自己很美，也很受人欢迎，这是她引以为傲的资本，但她不满足只做一个漂亮的花瓶。

她内外兼修，意愿从内到外闪闪发光。

在这群充满朝气的年轻人中，她感觉自己的身体被挖掘成一条水渠，有源源不断地活力源泉汩汩淌来。她脱下一身干涸的泥土，重新找回绽出新芽的季节。

她是幸运的，找到了一条适合自己行走的道路，到外国来走了一遭，原本走进了死胡同的人生豁然开朗，给她一种"山重水复疑无路，柳暗花明又一村"的重生感。这里的空气、可爱的人、文化、建筑乃至一切都是她心的归属。她几乎要怀疑自己的前生就是在这里生活的，要不然为何自己会适应得如此之快，生活得如鱼得水，好不滋润。

黄逸梵的西方之旅光彩照人，她是如此喜乐，浸在其中尽情呼吸，这是属于她传奇的一部分，注定要大放光彩，永恒无俦。

镜头缓慢地切换至张家老宅，那里的气氛又截然不同，空气中弥漫的鸦片味熏人欲睡，厚重的窗帘拉起，隔出一个阴暗萎靡的空间。张廷重抽了一管又一管大烟，他百无聊赖地翻了个身，日渐颓废的脸庞在鸦片的侵蚀中耷拉下来。

他又做了几回相同的梦，梦里都是妻子黄逸梵的身影，花前月下，轩窗小炉旁，仿佛又回到了新婚最初，连梦都带着依依不舍的味道。张廷重怕醒过来的一瞬，只要清醒了，梦里的人就离他远去了，这时所有的感情都拧在一起重压着胸膛，他对妻子，竟有了这样秘不可宣的爱恋。他只有不断地抽大烟，用昏昏沉沉的梦境来拉近两个人天南海北的距离，这是他逃避现实的唯一方法。

张廷重在烟榻上醉生梦死着，他的姨太太老八一声不吭在一旁伺候着他，这个女人心里的怒火掀起了三尺巨浪。来这个家时间也不算短了，而且还是张廷重唯一的姨太太，她却独自住在楼下阴暗杂乱的大房间里，头顶那间属于黄逸梵的卧室始终空着，她从来没有踏进去过一步。

被称为老八的姨太太上过学堂，念的是和黄逸梵一样不合时宜的古书，闲暇时她教自己的侄儿读"池中鱼，游来又游去"。侄儿只要稍有差池，她就用鞋底抽打他，把孩子打得鬼哭狼嚎，一张脸肿得眼睛都睁不开。

或许是张公馆里压抑阴沉的气氛扭曲了老八原本还算温顺的性子，或许她的耐心等候只换来张廷重若无其事的敷衍态度，老八的脾气在这样令人绝望的日子里无可抑制地坏了下去。

而张廷重对她的改变完全不放在心上，这个男人只会在清醒时拿着一本诗经关在书房里来回吟诵，或者立在廊檐下久久发呆。不清醒的时候，就蜷缩在烟榻上，以烟为伴，以烟解愁，总是呈烂醉如泥的状态。

张廷重对家庭的管束大权渐渐旁落，家里大小事都被老八一手遮天了去。而老八在他的纵容下也脾气渐长，常常一言不合就和张廷重吹胡子瞪眼，这时的张廷重只顾着吞云吐雾。每逢老八生气，他就无所谓地扯动唇角笑笑，并没有把她的抱怨放进心里去。

或者，对于在乎的人，比如黄逸梵，他才显得那么自私小气，一步不肯退让，因为缘自内心的自卑，使他不能坦然面对高贵的妻子，所以张廷重选择竖起满身的刺来作为防备，这也是他自保的一种手段。而对于不在乎的人，张廷重的态度则显得十分廉价，他并不肯把精力花在一个可有可无的女人身上，任凭老八使性子，摔摔打打，他都懒得去过问，也从不多置一词。

这样别别扭扭地过日子，终于有一天，大闹天宫的老八用痰盂砸破了张廷重的脑袋。早就看老八不顺眼的族人借此机会纷纷站出来，逼着张廷重休掉老八，让她卷铺盖走人。

这个可怜又可恨的女人带着满满两塌车的银器家什离开了张家老宅。也许在她心中，这一走，不是此生不复相见的哀怨离别，而是一种解脱后的由衷欢喜。

她终于从那个叫黄逸梵的女子的影子里挣脱出来了，尽管没有机会和黄逸梵见面，但是她活在黄逸梵的影子里太久太久。这个家，每一件器物，每一个角落，都充斥着黄逸梵的身影，有时候半夜一个人坐在屋子里，也仿佛能够听到她和张廷重的呢喃细语。

仆人们在老八走后纷纷拍手叫好，她们说："这下太平了。"

太平的对象从来都是张家宅子里的猫猫狗狗，而人，从来没有太平过。

老八走后，张廷重烦忧日甚，普通的大烟居然满足不了他的烟瘾。他买了很多吗啡，毒瘾上来了，就叫几个强健有力的仆人摁住身子，往手臂里注射吗啡。由于毒瘾深重，他用毒的剂量一天比一天大，渐渐离死亡不远了。终于有一天，在一个下着雷雨的午后，他独自一人坐在阳台上，头上搭着一块湿手巾，两目呆滞，看着檐前挂下了牛筋绳索一样粗而白的雨，喃喃自语，失去神智。

他被仆人们一窝蜂似的送进了医院强行戒吗啡，随着吗啡闹剧落幕的还有他在铁路局谋得的官职。因为他长期沉溺于嫖妓、吸毒、结交狐朋狗友的丑闻中，在官场上，他的名声很不好听。这次事情闹那么大，津浦铁路局终于决定请他自动走人，这是一份很体面的工作，就这样被他的荒唐一手搞砸。

受牵连的还有他的堂兄张志潭，这是张家诸多后人中最有能力、最有本事的一个。因为受累于张廷重的荒谬，他也被免去了交通部总长的职位。

张廷重不仅毁了自己，也毁了别人，他后悔莫及，戒毒出来后，整个人愈发萎靡不振、无精打采。

张爱玲和弟弟张子静站在一边怯生生地看着父亲，想上前安慰，却不知道说起。

波光粼粼的大洋就这样隔开了人生两种境遇，一重火热，一重冰寒。

人们受自身心灵的召唤被驱赶着一路前行。当现实渐渐框出狰狞的面目，当理想终于折损，不能再展翼高飞。回过头来，我们应该预料到，毕竟还有自己的影子作陪。

走怎样的路，选择怎样的生活，都是自说自话，不能全怪造化弄人。

正如张爱玲说的："要做什么，马上去做，不然就来不及了。"

黄逸梵选择了华丽优雅地转身，张廷重选择了及时享乐。

蝴蝶飞回了那片沧海

觉得自己声誉扫地的张廷重愈发想念妻子黄逸梵。他为之前荒诞的生活感到惭愧，自我反省像条带刺的鞭子，时时刻刻拷问着他的灵魂。他想要在彻底触礁前把生活拉向正常的航道，他对黄逸梵的思念，每每生出无数的藤条，一圈圈牢牢缠住他的心，藤条上的小刺日日夜夜扎得心中微微地疼。他知道自己抵不过这种思念，吃不好，喝不下，睡不了，形消影瘦，顾影生叹。

他像个孩子似的，不止一次悄悄地问站在一边的张爱玲姐弟："要不要给你们的妈妈写封信？"

明明是商量的口气，弟弟张子静却受惊似的看着张廷重，吃不透张廷重说这话是什么意思，他咬着手指，低下头默不作声。

张廷重叹口气，征询的目光又望向张爱玲。小张爱玲亦是沉默，母亲对她来说太过遥远，比天边的云彩还要飘忽渺茫。云彩至少还能看得见，而母亲，除了不定时地寄来几封英文家书，几件新奇的玩具，还有时髦的衣服，她就只定格在几张泛黄的照片里兀自巧笑倩兮。

至少对她来说，母亲是个很陌生的角色。不过敏感的张爱玲还是察觉到了黄逸梵的重要性。为了表示自己的懂事，沉默了一会儿后，她终于小声地开口："您要是想写，那就写吧。"

得了大赦似的张廷重深深吁了口气。他觉得，这个家不是只有他一个人想念大洋彼岸的黄逸梵，孩子们也很需要黄逸梵，也对黄逸梵念念不忘。

怀着这样的想法，张廷重提在手里的笔变得十分轻快，几乎一蹴而就，洋洋洒洒写出了一封家书。

写旧体诗向来是他的专长，此时情意勃发，压在张廷重心里那么久的话像是火山的烈焰，喷薄四溅，几乎要透过信纸点燃那一头看信的人的心。

前函想已收览，此间政治形势犹如风雨将至，遍地阴霾，唯天津可望逃过一劫。托庇于洋人篱下，余不胜汗颜。小瑛与子静已从人所荐之夫子读书，论语指日习完。近日余颇觉浮躁无聊，书空咄咄，陈氏进城，余与之簿战，小输，春寒料峭，心怀远人。英格兰气候向以严酷闻名，望多加珍重。小瑛素性疏懒不愿提笔，但岂不怀莼羹鲈脍之思？若须余寄送什物，但请值言，虽函附上余小照一帧。为瘦削憔悴，不忍卿览。

字字真切，饱含着对黄逸梵无限的深情和担心。

末了，张廷重还亲自将自己小小的、鹅卵形的照片装在书信中。照片里他的脸十分憔悴，向后梳的头发油油亮亮的，无边六角形的眼睛让他看起来很没有精神。张廷重要让黄逸梵看到这张照片后心生触动，他怕自己过得太好反而不能引起她的同情。

揣着这点私心，他觉得笔墨犹未书写尽心底醅浓的感情。于是他翻转照片，在后面又题了一首小词："才听津门金甲鸣，又闻塞上鼓鼙声。书生自愧拥书城，两字平安报与卿。"

这才放心把信交给手下的一个男仆，安排他及早把书信寄出去。

张廷重想象着黄逸梵拿到这封信后是怎样的表情，感动？吃惊？难过？窃喜？

这么多年来，他们不常通信，即使有，都是草草几句问候对方，说得更多的是孩子或者家里一些无关紧要的杂事。

他有意隐瞒这些日子来窘迫难堪的遭遇，在黄逸梵面前已经觉得低人一等了，如果让她知道自己过得那么糟糕，恐怕她一定气得不肯再回来。

黄逸梵：一生飘逸 一世梵唱

张廷重忐忑不安等待着黄逸梵的回音，他还不晓得，手下那个仆人正是黄逸梵在他身边埋伏的一个眼线。这个男仆叫志远，是黄逸梵从娘家陪嫁过来的，跟着黄逸梵念了些书识了些字，有了些文化做底子，行事作风就和其他的佣仆不太一样了。

在他心里，黄逸梵比张廷重新派，有胆识，更有魄力。他一直认为，如果黄逸梵没有离开这个家去了国外，张家也不会弄到现在这样乌烟瘴气，一地鸡毛的样子。

志远对黄逸梵怀有十二分的崇拜，事事都以黄逸梵马首是瞻。黄逸梵因此也很看重他，临走前特意嘱托他监视张廷重，如果有大事就书信来报。志远在她走后，谨遵圭臬，家里的事，无论大小巨细，他都一五一十地如实汇报，因而张廷重在黄逸梵离开后犯下的斑斑劣迹，黄逸梵都是了如指掌的。

在张爱玲小说《小团圆》中曾经出现过仆人经常将张廷重的事用《三国演义》的声口朗朗叙来，比如他这样向女主人汇报家事：

逸梵小姐和茂渊小姐钧鉴，前禀想已入钧览。今再禀一事，必快君心。四月初八爷电话召小奴前往新房子，问姑爷事，小奴禀云赌债事，周堡卖地事，并打吗啡吸大烟事。承八爷下问逐姨太太事，志远以为为今之计，莫若调虎离山，八爷意欲去沪，唯姨太太南人，恐跟踪南下，上上之策先由八爷接姑爷至新房子小住，彼处金城汤池，不可攻也，再行驱逐姨太太，立逼其远离天津，其伪父亦不得留，防其居中策应，必杜绝再见之机，因姑爷懦弱，不能驾驭也。八爷命小奴不得声张，恐怕事机泄露，陷小奴以险境。本月十日，小奴又封召前往，六爷

亦在，命小奴潜入姑爷内室，盗取针药一枚，交周大夫送去化
验，幸不辱使命……

　　忠心耿耿的志远把张廷重的丑事向女主人抖了个底朝天，
他希望寄到大洋彼岸的书信能引起黄的警觉——张家唯有靠黄
逸梵才能撑起光明正大的门楣，在张廷重手里只会搞得家势
日衰。

　　大洋彼岸的黄逸梵和张茂渊收到志远的信，知道了张廷重
过着怎样离谱的生活。但是她们无法可想，身为至亲之人，也
不是没在回信中隐晦地劝说过。可每次寄出去的信只要提到张
廷重半点不是，老宅里的男主人就会激动万分，大发雷霆。

　　每次阅完了信，张廷重就在屋里不安地来回踱步。他疑心
妻子和妹妹长了千里眼顺风耳，要不怎么他这边一有风吹草动，
那边就马上得了耳报神去。

　　张廷重的回信经常避重就轻，有时候也带点苛责的意思，
埋怨黄逸梵和张茂渊出国去了太久，将大大小小的家事一撂，
千斤重的担子全部摆在他的肩头。

　　每次收到这样的信，黄逸梵和张茂渊就感到又好气又好笑。
黄逸梵气自己的丈夫懦弱自私，耽于享乐而且很会倒打一耙，
张茂渊好笑自己的哥哥无理取闹，一味回避不知悔改。

　　大洋彼岸的书信渐渐稀疏了，每月一次的通信变成半年一
回，到最后大家都遮遮掩掩，不肯拿出真话以对。

　　滚烫的真心尚有温度冷却的时候，更何况蛛丝一样脆弱敏
感的感情，那么纤细，那么隐晦，很容易就败给了时空和距离。

　　在巴黎将生活演绎得精彩万分的黄逸梵，收到信后，淡淡

一笑，随手将之搁在了梳妆台上，甚至懒得去拆信细览。

和腐旧生活告别太久的她，雀跃的心并不在那个远隔云端的家中。

因为生命中无端出现了一个重要的男人，像个不可预知的箴言，突然降临，撩乱了她的心池，搅动了她的感觉。

黄逸梵沉浸在突然来临的爱情中，一旦深陷了，世界的邋遢潦倒她就看不见了。

有人问：爱情到底是什么呢？人们又为何千里迢迢走到一起只为刹那的相逢呢？

也许爱情只一种缘分，不需要预演也没有经过刻意安排，人与人就相遇了，而这种缘分，它起先蒙着一头薄雾似的纱巾，不肯给你窥到里面的秘密。只有等到最恰当的那一刻，似乎无心被心头吹过的一阵风撩起，便满足了你的心愿，给你一个突兀的、落落大方的、如梦似幻的回应。

而后这声回应就在山谷里响起，彼此应和，谁都不会在意到底是谁先喊出那一声的，似乎应该是心有灵犀一起发出了呼唤，又似乎参差不齐只是为了让回应能够更持久些，嘹亮些。

心灵的呼唤还在山谷里持续回荡，什么花草清香、鸟语莺歌都在此时隐匿无声，两道声音紧紧扭缠在一起，无心谱出多么雄壮开阔的乐曲，只想能够在密密麻麻、横无际涯的岁月中留下惊鸿的一瞥。

于是他们相逢了。

黄逸梵和生命中无意出现的那个人相逢了。

而那个人，就是刘锴。

缘分仿佛是跋涉千里而来的,风尘仆仆到了两人面前,彼此都欣喜地忘了承接,反而制住了手脚,堵着了口舌,让那些喜欢只在相互交触的目光里闪闪烁烁地流转着。

那种感情是只可意会不可明挑的,外头的人看了自顾自着急,里头的人身陷其中难以自拔。

据说,在一次学生联谊会上,是外交官刘锴一眼相中了坐在沙发里神游天外的女子——黄逸梵。从此两人相恋的画卷拉开序幕,黄逸梵第一次真正尝到了爱情的动人滋味,但那时她还不明白,所有的感情都不会恒久不变,并且结束时都一样铭心刻骨。

出生在广东中山的刘锴,毕业于英国牛津大学,年轻有为的他在国民政府中担当要职,一路顺风顺水,从普通的小官员一直做到驻外的大使。

他是学生联谊会上的常客,也是留学生眼中风度翩翩、英俊潇洒的时髦人物。

他注意到黄逸梵已经很久了,每次看到她,总惊叹于她不凡的美貌与风度。大多数时候,黄逸梵总是安静地坐着,脸上带着迷离的微笑,不动声色看其他人在舞池中翩翩起舞。有时候,她也会漫不经心摇动手里的酒杯,让红色的葡萄酒像波浪一样涌来涌去。她低垂着眼皮,两绺卷发慵懒垂在脸侧,眼光游移,看上去有种不经意的落寞和疏离。

好奇心几乎一下子将人吞没,出于礼貌,他不能唐突地上前问好,只能拿着酒杯隔着人群中遥遥一望,满腔的心思没有写在脸上,在心里一天天扎根发芽茂密生长。

黄逸梵：一生飘逸 一世梵唱

　　接近黄逸梵的机会源于一次女伴的失误，她漂亮的旗袍不小心被坐在一边谈笑的学生泼了一身，黄逸梵有些无奈，拿出绢子奋力地和衣服上的酒渍搏斗。

　　与此同时，正在舞池里跳舞的刘锴也注意到了这一幕，毫不犹疑地，他撇下舞伴，翩翩然来到黄逸梵面前，小心而有礼貌地问："需要我帮忙吗?"

　　黄逸梵惊讶地抬头，清朗的目光穿越时光来到他的面前，刘锴注意到她的身子微微一震。乐队的演奏声音很大，震得无数浮尘在空气中轻舞乱飞，给她罩上了神圣的光环，他的心也在器乐声中震动起来，既期望得到回应又害怕结果是失望。

　　黄逸梵恰在这一刻向他微笑，于是，他们相识了，相恋了。

　　徐志摩的一首情诗描绘了人与人相爱的意义：

　　一生至少该有一次，为了某个人而忘了自己。

　　不求有结果，不求同行，不求曾经拥有，甚至不求你爱我，只求在最美的年华里，遇到你。

　　相识是那么简单，只要在人群中互相凝望，那一眼就望穿千年。然后这心领神会的一眼，纠葛、相拥，无数前情都成了旧事，只有眼前的那个人、那双眼是天地之唯一的存在。你有心撩一把吸引的眼神，那串眼神后必定会涌现出大把大把的火苗，滚烫着捧在你的面前，只等你添柴加什，让那把火在心里燃烧得再旺些，再热情些，再灼烫些。

　　黄逸梵对于刘锴的爱情就是这样吧，谁都没空计较到底是谁先爱上了谁，谁先又把谁轻轻地放在心上珍藏，谁先爱上了谁有什么重要的呢？

只要当下是快乐的，什么都可以不用计较，那些计较尽可以抛去九霄云外。

爱起来就是那么奋不顾身的，至少，他们在塞纳河边相互拥抱的那一刻，是真心实意的。

夏日的塞纳河风景迷人，无数游客或者市民会在傍晚日落时来到河边纳凉、嬉戏。黄逸梵和刘锴是快乐面孔中的一员。

黄逸梵喜欢木质的小船在河面上静静滑行的时刻，夕阳染红半边天空，候鸟倦归，飞快地掠过天空，河面与河岸上到处洋溢着欢声笑语，只有他们是安静的。彼此交握着手，什么都不用说，只随意享受此刻的温馨。他们不经意地抬眸相望，发现彼此眼中只有自己，整个世界都变成了一块可有可无的背景。

他们也曾携手漫步在巴黎的大街小巷，街头霓虹灯闪烁，在蒙蒙的细雨中氤氲出浮彩的光晕。他和她边撑着伞边交谈，从国内外大事一直聊到个人生活爱好。夜愈来愈深了，他手里撑的伞渐渐地、无声地向纤细的肩膀靠过去。等黄逸梵发现，刘锴已被雨淋湿了半边的身子。她原本应该娇嗔一声他的不知保重，但不知为何，那一分矜持突然爬上心头。她就抿嘴笑着看他略显狼狈的样子，心里却是甜蜜而又骄傲的。

被爱的喜悦与骄傲笼罩着。

他们热烈相爱着，这份热烈中不知不觉掺杂了烦恼。后来爱情就向着不可预知的方向失控撞去，一头撞得尸骨无存，落红满地。

　　黄逸梵担心以后要是和刘锴回国，不能向张廷重交代这样一个人。她还没有和张廷重离婚，于情于理，都不应该让刘锴出现在生命中，变成最重要的人。

　　而刘锴呢，作为一个外交官，他的一举一动都代表了国家的形象。那时候，巴黎学生圈里都在流传他和黄逸梵的恋情。这本来不是什么秘不可宣的大事，怪只能怪天意弄人，他们相恋的实在不是时候。

　　在错误的时间遇见了对的人，他和黄逸梵谈起了恋爱，虽然没有引起天怒人怨，但是流言蜚语始终挥之不去。人们可以接受他风流潇洒的性格，可以不在乎他放纵随意的生活态度，但是不能不对他爱上一个有夫之妇报以微词。

　　担心像一只伸出尖嘴、吹着细喇叭的蚊子，恍恍惚惚令人难熬地捱着过日子，两人约会起来也没有最初的刺激和热闹了。

　　起初，他们都只管站着看路边的风景，手圈着手，谁都不开口说一句话。后来，刘锴便渐渐不再主动和黄逸梵联系，两个人偶然在舞会碰面，也只隔着山遥水远的地方，互相无声地投来默默的一瞥。

　　从开始的水乳交融到现在的形同陌路，爱情来得太快太猛烈，过早地焚烧掉了彼此的依赖。黄逸梵在这一段时间内异常痛苦，她的话慢慢变少，本来就瘦弱的身子愈见轻薄，好像一阵风就能把她刮倒在地。她经常躲在家里闭门不出，很少再踏足社交舞会，因为她不想在舞会上看见那个人，这会令她心中痛苦的感觉更加深一层。

　　虽然说感情应该好聚好散，再见不难，可她没有抽刀断水、立地成佛的勇气，在爱情上，黄逸梵向来是无往不利的，这次却扎扎实实翻了个大跟头。

她首先怀疑自己的魅力，继而怀疑自己的选择，最后被种种情绪不断撕扯着，几乎透不过气来。

在这段痛苦的日子，陪伴着她的、扶持着她的，始终是小姑子张茂渊一人。张茂渊冷眼旁观了他们的爱情很久，不论发生什么，她都坚定地站在黄逸梵身边。哪怕黄逸梵在进行一段不可告人的恋情，她都不离不弃。对黄逸梵，她是尊重与爱护的。在黄逸梵诉说心里痛苦的矛盾时，张茂渊给她出这样的主意：如果以后你和刘先生不得不回国，我就假扮成是他的未婚妻，你就能继续与刘先生交往下去。

可以说，张茂渊对黄逸梵的同性友情一点不比异性之间的爱怜来得浅。面对黄逸梵的痛苦，她虽然不能身受，但她努力去感同，用最诚恳的话语、关怀的态度一点点弥合黄逸梵心中的感情创口。

在张茂渊的安抚下，黄逸梵终于慢慢走出了失恋阴影。人一旦脱离爱情的控制，就会发现，这世界上，天不会因为一个人塌下来，花不会因为一个人不再开，水还是日夜不停地奔腾，梦还是一刻不止地继续下去。

黄逸梵深呼一口气，下定决心和这段感情挥手告别。

然后，压在雕花木匣子下的信得以被缓缓展开，白字黑字间满溢着丈夫张廷重的期待，一蹦一跳跃入黄逸梵的眼帘。黄逸梵读着读着，想哭又想笑。她想，原来人生就是这么神奇，兜兜转转想要的东西，你刻意追求时，它溜得比谁都快，一点都不讲情面，没有留恋。而你觉得不是很在乎的，到最后摇身一变，变成一粒仙丹，治疗悲苦，药到病缓。

黄逸梵想起来远在天边的老宅，那里有他，有儿女，有午后花园里荡秋千的声音，有热气腾腾的火锅香味。

感情真是奇妙，它在上一刻干涸无形，下一刻，只因为被别人的爱滋润了一下，就迫不及待萌发活力。

也许和刘锴分手不是最好的结局，但是黄逸梵还是选择另一种可能。她需要爱，只有被爱着，她才能感觉自己还活着。她也想把爱分给些别人，首先想到的就是两个孩子和情意绵绵唤她一声"卿"的张廷重。

回国的行李很快被收拾好，黄逸梵决心尝试新的开端，她再次变成蝴蝶飞了回去。生活的面孔不需要被刻意刻画，只在一个低头，已经变成另一副模样。

第三卷

最温情的开始　最残忍的结束

亲情在张爱玲看来，也许就是野地里无意抽芽的一棵草籽，它竭力突破厚实干枯的泥土，用了所有的力气，尽量在荒无人烟的泥土里张扬如茵的绿意。它是如此热情，几乎捧出了阳光雨露给的所有好处，只要一点雨滴、一丝阳光、一缕春风，它就能刻骨铭心地茁壮着。它已经忘记了，曾经冻僵的土地是怎样压迫她小小的身躯，三九天里的朔风是怎样抽打它的脸庞，泛滥成灾的雨水是怎样和它清清的眼泪混为一体，它也是踏着一路劫难，承受无数次的痛苦，遭遇异常的凌虐过来的。

再聚首的伤痕

1928 年，年幼的张爱玲随着家人一起从天津坐船去了上海。

把家搬回上海是黄逸梵提出的回国要求之一。天津的老宅对她来说是噩梦的发源地，她被困在噩梦里那么多年，种种朽坏的记忆容易宰割一个人的热情，她好不容易逃出去那么多年，没道理回了国还要继续忍受弥漫在老宅里的怨气和腐朽。

张爱玲是第一次坐轮船，临出发前，她兴奋得一个晚上没睡好，搂着女佣何干的脖子。张爱玲和何干头挨着头，手牵着手，叨叨个不住。她问何干：轮船长什么样，海水是怎样的，母亲看到的海水是不也是一样的颜色？

在她的心里，只要飘过洋渡过海，就能看到黄逸梵在对岸的码头上向自己招手示意。至此，她的生活将会焕然一新，像窗口那架紫藤，经过一个冬天锥骨寒冷的暴虐，终于在春天吹响第一声号角时，准时开花。然后一路势如破竹，风风火火开得妄为奔放，占领了花架的至高地。那时候，整个眼前都是红紫阑珊，缱绻的春色应该像以后的幸福把人浓浓地抱住。

　　船平稳地行驶在大海上，一片黑的、漆黑的、绿的、碧绿的海水，超乎了张爱玲的想象。在翻腾的海浪里，她睡得异常安稳，仿佛一夜之间回到母亲的怀抱。小时候的记忆毕竟太模糊了，母亲就是戴着祖母绿耳环，对着镜子呆呆坐着，一脸忧郁的墨尔波墨涅形象（希腊悲剧之神）。而且她总是不快乐的，这种忧伤像会传染，那么小的张爱玲居然能感受到这种情绪，她的童年因此也是蒙沙的明珠，一点都不通透，不光鲜。

　　船行了三天，张爱玲把黄逸梵的形象在脑海里想象了三天。她喜欢看《红楼梦》，有时觉得母亲和里面的林黛玉相仿，有种任性娇弱的病态美，是美人灯笼的样子，一点剔透的光亮让人怜爱珍惜。但也说不准的，黄逸梵在几次来信中对她的学习、生活习惯提出了很多要求。信里的母亲一点都不浪漫，沉重安静，不容置喙，倒像是稳重老成的薛宝钗，喜怒不形于色，只管指挥生活的节律，不允许一点乌七八糟存在。

　　张爱玲在船上颠来倒去，对母亲和未来的想象不曾停歇过，而同在大海里乘风破浪的黄逸梵，心情也不曾有过片刻的安宁。

　　她此刻的感受和来时的完全不一样，来的时候，她满怀对生活的希望，觉得新生活如同海里跳腾的浪花，前面一个已经错过了，后头千朵万朵一蓬蓬开在以后的日子里，总是洋溢着朝气，总是洋溢着力量。

　　现在她回去了，那浪花不是往前涌去，而是一步步后退，而她就跟着这些浪花退回最初的生活里去了。在船上待了那么多天，她一开始发热的心渐渐冷却，临行前其实并没有做足思想准备，几乎凭着一股脑的热情就拎着行李和张茂渊登上了轮船。现在她把回家后的情形想了无数遍，首先不能忍受的就是老宅子里遗留着的别的女人的痕迹，姨太太、堂子里的小姐把家里糟蹋得污浊不堪。她有一些洁癖，心理上的洁癖更是根深蒂固，她不愿意接受任何不干净的事物。

在黄逸梵的意识里，她对爱的要求始终是唯美的、纯洁的，这是她精神洁癖过剩的表现。她的爱如同剥光壳的鸡蛋，光滑白嫩，泛着莹润可爱的光，神圣不容玷污。而丈夫张廷重的爱呢，黄逸梵觉得那都称不上是爱了。和女人来往打交道，都只为了满足原始的腌臜的欲望。张廷重根本不懂什么是情，什么是爱，他的爱看着总是很粗糙，带着硬刺还有莫名的霸道。

关于爱情，世俗常常将它定义为是两性间产生的一种特殊的感情。所谓的爱，是需要建立在两情相悦的基础上，要有玫瑰盛开的浪漫和日出江花红胜火的激情。如果撇开精神上的愉悦，只为了满足感官上的冲动，那和兽类就没什么区别了。几千年前孔子就曾说过："吾未尝见好德如好色者。"《世说新语》上也写着："夫百行以德为首，君好色不好德，何谓皆备？"

这些都是古人对爱与色的理解忠告，可惜，览遍古书文的张廷重偏偏没有记得这些金科玉律。

除了不苟同张廷重的私生活，黄逸梵还担心她的两个孩子。这些年来，虽然她在家书上再三叮嘱，要求下人给予孩子无微不至的教育和关照，但她心里清楚，张爱玲姐弟和张廷重生活在一起，日子一定过得相当潦草马虎。她眼下十万火急要做的事，就是好好改造一下两个孩子。

这个想法自然出于一个做母亲的直觉。她不做母亲好多年，在爱情中，在学习中，在游历中过得五光十色，没有缺憾，轰轰烈烈，一身繁华。在母爱这个命题上，她的文章却写歪了。她不是个合格的母亲，这点她再明白不过，并且为了这个认知也很认真地同张茂渊倾诉过内心的苦闷。

一切的疑惑在登船时就产生，一路尾随纠缠至轮船靠岸，彼时的上海港码头还在微露的晨曦里酣睡，一切都像未知的密码，等待人们解开生活的困锁。

黄逸梵在回家前临时决定先去上海弟弟家打尖。在巴黎她听说弟弟黄定柱越闹越不像话，姨太太一个一个娶进门又休掉，大烟抽得只见昏天不见明日，把一大半的房产烧在烟上头。如今憋屈地住在上海某个小弄堂里，还是过着花天酒地的生活，一点都不知道悔改。

她觉得有必要先去看望一下弟弟，毕竟长姐如母。此行除了叙亲话旧，更重要的是不能辜负大夫人临终前的托付，好好提点下生活无度的弟弟。她对黄定柱还抱有幻想的，觉得念过诗书的人虽然坏，但总是坏得有些底线，不至于就大堤崩溃，无药可救了。

黄逸梵就是这样的人，不自觉地把自己的高标准灌输给身边的亲人，这也是她个性中天真烂漫的体现。就像一阵急雨，迫切地要去四处干旱的地方走一遭，尽心尽力要把它们好好滋润一遍。

一箱箱行李、行装被仆人拖进黄定柱的家，熟悉的鸦片气息迎面扑来，黄逸梵皱起眉头，弟弟像迎一尊大菩萨似的把她请进了屋子。闲话家常中，黄逸梵不免问到张廷重和孩子的近况。她还不知道，张廷重早在她在越洋轮上的时候就来过这儿，再三知会小舅子不要在妻子面前提起他的斑斑劣事。黄定柱遵照姐夫的话，在黄逸梵面前尽量替张廷重打圆场，说好话。

黄定柱撒这些谎也有他的苦衷，他和张廷重经常厮混在一起，嫖妓、抽大烟、赌博、卖田产，败家也败得如出一辙，说张廷重的坏话就等于是在打自己的脸。

也许人性就是这样，面对自身的丑陋，总要躲在暗处打扮修饰一番后才肯拿出来见人。我们都不能精确考验人性，关键时刻，它就会怯懦躲避，不堪一击。当自私的需要剪短了亲情的纽带，人性就无法节制，那些打着我不想欺骗你，只是不想让你被真相伤害的借口，其实都是唯利是图的表现。

黄定柱对欺骗姐姐的做法并不感到羞愧，他认为真相就站在黄逸梵的眼前，就算他不去捅破，以黄的慧眼，也终究会看穿这一切的。

黄逸梵走后，茶几上的茶水还没凉透，黄定柱的姨太太就指着黄定柱开起了玩笑。她笑黄定柱见了黄逸梵就像孙悟空见了如来佛祖，一言一行都不敢有任何差池。

黄定柱听了，抱着胳膊，摇头一个劲儿地苦笑。他被姨太太一语道破了天机。他确实怕着这位姐姐，从小就怕，那不是因为黄逸梵比她早出生几分钟的缘故，而是黄逸梵身上拥有的气质、品行、精神都是他欠缺的。一个人越缺什么就越怕什么，就好像长了满身的癞痢，那么难看丑陋，他还敢拿着镜子在身前搔首弄姿，观瞻自己的容貌吗？

黄定柱觉得没有资格在黄逸梵面前摆态度，黄逸梵留洋回来，精神面貌更比之前振奋轩昂。他不好意思在她面前卖弄什么，就连撒个谎都已经觉得是十分吃力了。

经过前面的一番折腾，在上海一条狭窄烘热的衖堂里，黄逸梵的车马行李终于驶到了家门口，在一片"太太回来了"的欢呼声中，黄逸梵被家仆一簇而上拥入家门。

回家后，黄逸梵并没有急着上楼去看望孩子们，反而坐在椅子中，请仆人把已经睡觉的张爱玲姐弟俩请下来。她已经忘记了做母亲该有的温柔与关照，在孩子面前，任性得简直有点颐指气使。这是她个性中坦率纯真的自私之处，没有伤害到无关的人，却在今后的岁月中一遍又一遍剐割着最亲密的儿女。

其实人总不是完美的，有缺陷也不妨认可为完美的一部分。上帝创造世界的时候，给了人类很多美好的事物，花鸟晨夕、明月星辰，全都美得一丝不苟、安安静静、各就各位，讨好了人间的欢喜，但美好的反面，就是黑暗、乌云、暴雨、伤悲，这也是世界不可或缺的组成部分。存在都是合理的，要不然看惯了光明的人何以意识到黑暗的可怕，习惯花香的鼻子怎么会抗拒腐烂的难闻气味。

世界尚且不完美，更何况于平平凡凡的人，黄逸梵身拥美好的一面，人性中的瑕疵也就被对比的分外明显。她就像一朵娇艳的玫瑰，看起来每一片花瓣都是毫无瑕疵的美着，花枝上的刺也就因为它的美而格外扎得人生疼。

仆人们遵照她的吩咐将张爱玲姐弟带下了楼，在下楼之前，张爱玲还为了见母亲穿什么衣服闹了一个小插曲。

原来张爱玲要穿黄逸梵给她买的小洋装，一件橙红色的丝棉小袄配上黑色的丝棉锦袴。她固执地认为黄逸梵买来的洋装总是最好的，这也是小小人儿远离母亲很久后，献上的小心翼翼的投诚表现。

果然，到了楼下，黄逸梵才看了张爱玲一眼就惊讶地嚷起来："怎么给她穿这么小的衣服。"

就这样一句随口而出的话，让张爱玲铭记了一辈子，黄逸梵的这句话后来在张爱玲的《流言》中出现过，在张爱玲的《小团圆》中出现过，在张爱玲的《雷峰塔》里出现过。

那时候张爱玲还不知道受辱这个词，她只觉得被母亲这样责备着实委屈和难过，她的打扮都是为了黄逸梵而来，而黄逸梵却一点都没想过要领她的情。

裂痕就是在那一瞬间产生的，当时两个人都没有意识到裂痕扩大后会产生怎样的恶果。可能她们也没把这个小过节放在心上，如果时光能倒退，如果能早些弥补伤痕，后来的事情就都可以避免了。

黄逸梵对孩子们的一切都感到不满意，挑剔过张爱玲的衣服后。她又撩起女儿的前刘海，嫌她的刘海看起来过长，把整个人衬得有点蠢。

张爱玲站在黄逸梵身前越发手足无措，不知道怎样做才能让母亲心满意足。事实上，黄逸梵在对女儿挑三拣四、毫无顾忌地发表自己的言论看法后，对于儿子张子静的态度也没有和蔼到哪里去。她询问仆人张子静为何会如此瘦削，当仆人赞美张子静的眼睛长得漂亮，和黄逸梵看起来有几分肖似时，黄逸梵也只是淡淡一笑，有种嗤之以鼻的不耐烦。

和孩子们的见面显然不够愉快，和仆人们相处的气氛就轻松了很多。

仆人们围着姑嫂两人，问东问西，对黄逸梵的海外生活十分感兴趣。她们眼里的黄逸梵，和当初离开家的那种时髦新潮又不是一个样子了，"两个女人都是淡褐色的连衣裙，一深一浅。当时的时装流行拖一片，挂一片，虽然像泥土色的破布，两个人坐在直背椅子上，仍像是漂亮的客人，随时会告辞，拎起满地的行李离开。"

黄逸梵在海外的经历深深吸引着仆人的耳朵，从黄逸梵口中，他们知道了原来姑嫂两人在国外学会了做中式饭菜，而且结交了很多名人雅士。黄逸梵甚至还和徐悲鸿，蒋碧薇他们建立了一个"天狗社"，定时谈论诗画，生活好不自在逍遥。

仆人们的心随着黄逸梵的描述起伏在雄壮的阿尔卑斯山脉，游弋在温柔多情的塞纳河畔，他们不约而同地闻到了荷兰郁金香的味道，感受到了埃菲尔铁塔的壮美。

黄逸梵像是位称职的导游，领着众人在欧洲大陆兴致勃勃地逛了一圈。不过那些极美的风物也只有姑嫂两人亲身领略过，别人听得再热闹，也是虚晃晃的热闹，当不得真，更没有切身体会过。

回家后的两天，新宅子里就充斥着这样的热闹，俗话说：佳期难道，好事多磨。随着黄逸梵游历见闻的完结，宅子里喜气洋洋的气氛便一扫而光，取而代之的是姑嫂两人细碎伶仃的抱怨声。

自从黄逸梵回家后，她就再三催促张廷重重新找房子搬家。

黄逸梵对现在住的地方很不满意，她有着洁癖，凡事力求完美，这样逼仄的、狭小的居住环境令她难以忍受。她觉得客厅小得过分，连张沙发也摆不下，更别提招待客人，客人来了，黄逸梵都不知道把他们往哪儿塞才好。

而在同一时代，冰心也因为要打趣林徽因写过一篇文章叫

黄逸梵：一生飘逸　一世梵唱

《我们太太的客厅》。文章中，林徽因的座上宾徐志摩、沈从文、金岳霖、胡适都是当时颇有影响的人物。每逢聚会，众人就侃侃而谈，谈古论今，当时文艺界的人莫不以能跻身进入太太的客厅为荣。

　　黄逸梵虽然没有要求自己的客厅高朋满座，往来无白丁，可每天充斥着仆人的吆喝，孩子的玩闹声，她也是受不了的。

　　让她心生不快的事情远不止这些，黄逸梵存身的小衖堂潮湿阴暗，整天散发着浓重的发霉味道。就连睡觉的时候，她都能感到枕头和被子湿漉漉黏嗒嗒，就像是被包围在阴雨霏霏的黄梅天中。潮湿的感觉如同无数的蚂蚁在她骨头里横冲直撞，噬得人浑身发痒却又找不到祸根，哪怕仆人再三保证被子会每天拿到太阳底下晒，她都无法忍受这些，只想要尽办法要搬出这个小弄堂去。

　　她开口向张廷重提起过几遍搬房子的事，张廷重每回都口头答应开张空头支票，没有任何实际行动。黄逸梵深感无奈，只得撇开张廷重，另寻小姑张茂渊商量搬家的事宜。

　　生活中的小摩擦就这样不断增加，一旦积累到爆发的程度，就要一发不可收拾。坏的事情已经像导火线一样被准备好，摆上了命运的战场，只欠一根引燃它的火柴。

　　而这根引爆命运的火柴，就深藏在现实的生活中。小卧室的窗帘会很有规律的在每天某些时段被拉上，透过黑色的丝帘，黄逸梵闻到一股淡淡的鸦片味。张廷重就躲在窗帘后偷偷抽起了大烟，他前面去医院只戒掉了吗啡的瘾，大烟还是照常抽着，并且烟瘾还是很重，几乎一天都离开不得。

　　黄逸梵简直要崩溃了，她不明白本来回国前，丈夫答应戒毒的事怎么就又反悔了呢。一个人言而无信到这种程度，让她怎么放心把今后的婚姻交给这个人，她又怎么能够相信，张廷重这样的人适合与她一起白首偕老地走下去。

黄逸梵冷淡地向张茂渊讲述她的发现，张茂渊听了也是又急又恨，哥哥张廷重好不容易盼回了黄逸梵，哪知道他不知道珍惜眼前的良人，反而故态复萌，让两个女人生闷气，让底下的人和亲戚朋友都在看笑话。

她亲自出面让张廷重去戒毒所戒大烟，张廷重却始终捱延着不肯去。张茂渊生气地和他大吵一架，最后喊来了黄定柱，让他带着保镖和车夫，将张廷重载往事先安排好的医院。

在这整个过程中，黄逸梵都没有再出面过。她冷冷地站在二楼的阳台上，看着丈夫发了狂似的在地上打滚、嚎叫。弟弟黄定柱带来的保镖死命按住他，一边一个往黑色的汽车里拖。

她看着这一切，心已经滚落在了地球最阴暗冰冷的角落里，那里只有一望无际的白色冰雪，尖锐的锥子闪着死气沉沉的光芒，在她心里一扎一个洞，一扎一个血印子。

这一幕让她觉得浑身发冷，太阳穴鼓起来的青筋在两边使劲爆跳着，几乎要跳出肌肤的束缚，让浑身的血液喷洒出来。而她就这样站在阳光明媚的地方，感受不到太阳丝毫暖意，只怔怔地往冰冷的湖里沉下去，沉下去，四周是不着边际的黑暗。

张廷重被送走后，张茂渊上楼抱歉地和她打招呼。她说她没料到哥哥竟然会这如此冥顽不灵，早知道这样，当初一回上海就应该当独觅了房子另外住下来。

是呀，黄逸梵也是这样想的，早知道这样一切就好办了，可是张茂渊又怎能料事如神，猜中故事所有的开始和结局呢？

花的开放凋落是不能预料的事情，风雨什么时候来是不能预料的事情，人生的转承起合是不能预料的事情，很多很多的事情我们都不能早早预知结果，那么，怪张茂渊没有早知道回上海后会是这样的结果又有什么意义呢？

弹指温情，华丽再现

从黄逸梵下定决心找新房子把家搬出去的那一刻起，大概可以算得上是两个孩子全新的开始吧——簇新的生活到底可以维持多久都没关系，哪怕它是荼蘼，在春光里用力灿烂的那一刻是不会做假的。

本着让家人生活得环境要舒适宽松的原则，黄逸梵找到了一桩奶黄色的拉毛水泥屋子。这幢屋子在现代人看来，也是十分拉风时髦，富有高尚情调的。黄逸梵留洋多年，对欧洲的建筑格局十分欣赏，她找的房子也有浓郁的欧洲风味。这幢小洋房有着黑色的三角形尖屋顶，还带着阁楼与小花园，家里有当时才盛行的中央暖气，是名副其实的花园式洋房。

这样阔气的洋房，租金自然不会便宜到哪儿去。张廷重搬到洋房里后，脸色就不太好看，他认为黄逸梵浪费了一大笔钱。房子只要能住，到哪儿都一样，他还是希望黄逸梵能找间宽敞的中式庭院扎营驻巢，骨子里的封建守旧使他的气场和新式房屋格格不入。

黄逸梵可顾不上他的想法，从海外回来前她已经把条件全部开好，住上海、住新洋房也是归国的条件之一。她委曲求全地漂洋过海回来，要说全为了张廷重的一封信，那是连她自己也不能相信的。

孩子才是她放不下的根本，尽管那时她还不知道以后和孩子们的关系并没有修缮一新，反而以天各一方的结局收场。眼下，她对孩子的爱却是赤足金一样的纯正，不掺半点杂质，心思全用在了张爱玲和张子静身上。

黄逸梵表达对孩子的爱，起点就是给孩子一个明朗温馨的家。为了让孩子住得舒服，她在装修房子前还特意征询了姐弟的意见，愿意按照他们的想法布置房间。这个主意让两个孩子不知道乐了多长时间。张爱玲和弟弟在天津的老宅子里住了很长时间，可以说是真的浸泡在鸦片味道里长大的倒霉孩子，现在一旦有机会脱离过去的生活，姐弟俩都是下死劲地呼吸着外头新鲜的空气。

在张爱玲的印象中，橙红色的卧室、孔雀蓝的书房是她心中最活跃的颜色，她在本子上写出这样的要求，并且怀着忐忑不安的心呈给黄逸梵阅览。黄逸梵果然被她的孩子气的颜色搭配逗笑了，她觉得这两种颜色太不搭调，配在一起有点滑稽可笑的庸俗。张爱玲的心从峰尖掉入谷底，好在黄逸梵也只是指出孩子的理想化的想法，并没有阻挠他们那一点小乐趣。在装修开工的时候，一桶桶五颜六色的油漆被拎进屋子，张爱玲放心了，那里面有她喜欢的颜色。黄逸梵的爱在她心目中一下子变得月朗星稀起来，她第一次感到，原来月亮的光芒也可以那么璀璨，那么热烈。她不贪心，一点点的光和热就足够使她愉悦。

黄逸梵并不知道这件小小的事情就让孩子们如此开心，她除了照顾姐弟俩的想法，还要忙着按照自己的意愿布置这个新家。

　　对美学已经有了深厚造诣的黄逸梵，在布置新家的时候充分发挥了这一特点。她和张茂渊亲自设计家具装潢图纸，按照图纸上的要求一遍遍跑建材市场，挑选合适的材料，张茂渊还学着家庭主妇的样子和商贩讨价还价。黄逸梵站在一边静静看着，她是不屑于做这件事的，她在没钱的时候绝口不提钱，有钱的时候就更想不到省钱的好处，这也是她心理洁癖的一种外在表现，好像说到钱就会荼毒了嘴巴舌头似的。

　　新房子装修好了，最开心的莫过于张爱玲和张子静姐弟俩，新房子里的一切都仿佛为他们量身定做，他们的心被快乐填充得水泄不通。那时候，天也是格外蓝的，花也是格外红的，树也是格外绿的，就连新房子里的油漆味道也应该是甜滋滋带着欢喜味道的。

　　这座房子后来在张爱玲的《流言》中被这样描述过：

　　　　家里的一切我都认为是美的巅峰，蓝椅套配着旧的玫瑰红地毯，其实是不甚搭调的，然而我喜欢它，连带的也喜欢英国了。因为英格兰三个字使我想起了蓝天下的小红房子，而法兰西是微雨的青色，像浴室的瓷砖，沾着生发油的香。母亲告诉我英国是常常下雨的，法国是晴朗的，可是没法矫正我最初的印象。

　　快乐琐碎地跳动在张爱玲姐弟俩的心间，然而黄逸梵带给她们的惊喜远远不止这些，被幸福潮涌而入的感想是什么呢？大概就是有母亲在的房子，和母亲靠得很近，能够时刻闻到母亲身上香水味，听到她的呼吸声了。

　　为此，张爱玲还特意写信给天津的一个小伙伴，描写了母亲黄逸梵给他们布置的小房子，信一共写了三张白纸，还画了很漂亮的图样。可惜没有得到热情的回应，也许那头的小伙伴在嫉妒张爱玲的夸耀。

　　但那时的张爱玲管不了这些，她只沉浸在由衷的兴奋中，这段虚假的盛事给了她莫大的满足，她爱极了这种蜕变后的精彩生活，而这流光溢彩的生活全是仰仗黄逸梵一人妙手点染的。

　　家里一下子挤得叫人跌跌撞撞，转首俯仰间，都可以看到很多有趣的东西。黄逸梵从外国带回来了很多工艺品，它们被优雅地摆上了装饰柜，有雕塑、有油画，还要一些十分稀奇的特产。只要有空，黄逸梵就会向张爱玲姐弟介绍这些装饰品的来历，并且很大方地让孩子们大胆抚触，感受它们的质感和造型，这些都是在给孩子们打美学的基础。姐姐张爱玲于黄逸梵的熏陶中受益匪浅，以后她不仅靠一枝生花的妙笔震惊了上海文坛，其绘画能力也是为后人津津乐道的。

　　天津老宅子里的钢琴也很快地被运到了新洋房中，每天午后，待张茂渊喝完了茶，黄逸梵就领着孩子们跟过去听她弹琴，顺便进行发音练习。黄逸梵先天肺弱的毛病在欧洲得到了调养，回国后，由于水土不服，未免又有发作的迹象，她练唱歌也是为了防止旧疾复发。当然，和孩子们在一起享受些小乐趣也是她想要达到的目的。

　　即使在家里，黄逸梵的打扮依然十分别致，在孩子们眼里，她就像个花仙子一样，穿着合身的洋装，肩膀上垂下淡赭色的花球，玲珑的花球会随着她说笑的声音乱摆，像悉悉索索的叶子飘落下来。

黄逸梵：一生飘逸　一世梵唱

　　黄逸梵一开口唱歌，声音照例比钢琴上的音阶低半个声调，她尝试了几次还是跟不上节奏，未免有些不好意思，这时她就会给自己找些借口或者干脆耍赖要求重唱或者多练习几遍。张爱玲姐弟在一边看得津津有味，黄逸梵犯的小错误对于他们来说根本不算什么，反而让他们觉得母亲十分可爱，终于褪下了不食人间烟火的气息，带着平常人家的朴素和小家碧玉似的俏皮。

　　黄逸梵经常领着孩子们在周末去电影院看电影，回家后，这些电影桥段就被摆在客厅里上演了。黄逸梵模仿电影里那位女明星的角色，在钢琴前摆出一副摧心裂肺、悲痛欲绝的模样，她用自己特有的带着微弱气声的嗓音把台词念得怪腔怪调，身边一个亲密的女性朋友便附和着她的话语，和她一搭一递演起情侣来。

　　张爱玲和张子静此刻笑得在地毯上乱滚乱嚷，他们爬起身来后，还要互相对看一眼，在心领神会眨眨眼睛，好像在说："瞧，我们的母亲多有趣。"

　　当然，这种有趣还不止在家里的客厅中出现，黄逸梵会把快乐的触角延伸至家庭外的圈子，每逢节假日，黄逸梵会带着一双儿女去逛街。在挂着水晶吊灯的百货商场里，黄逸梵给女儿张爱玲买了三轮的小脚踏车，给儿子张子静买了一辆带有红色方向盘的小汽车。黄逸梵爱美的特性在商场里也发挥得很别致，被水晶灯映衬的商品实在亮晶晶的过于迷人，黄逸梵待在柜台前一看就是一个多小时。店里的柜员都竭力巴结这母子三人，看她们站得太久了，怕她们脚酸，还特意搬来了一把椅子，张爱玲因此在文章中说："迷人的东西盯得过久，眼皮子也直得往下掉。"

　　繁荣的生活继续被黄逸梵养在花园里的花打扮着，因为觉得花坛空着很可惜，黄逸梵亲自带着孩子动手掘开铁栏杆围着的花土。他们小心地播种、洒水、施肥，张爱玲和张子静喜欢什么花。她就种什么花，当然，她也没有忘记给自己种上优雅的郁金香，那是属于荷兰的花朵，她把郁金香种植在自己的花园里，也是在暗暗纪念过去几年国外的生活。

　　黄逸梵还养了些猫和狗，这也是孩子们的要求。在天津老宅子里，这样的要求从来没有被张廷重重视过，张廷重不喜欢猫狗打架的声音，家里的小动物不是送人就是扔在大街上。为此，张爱玲和张子静不知道伤心难过了多少回。

　　黄逸梵满足了她们的愿望，或许是在巴黎草地上经常喂饲白鸽的缘故，她对于那些小动物都是真心爱护的。她喜欢小猫的尾巴软软扫过脚背的感觉，像是条松软的掸子，挠得人一颗心脏都要痒痒起来。

　　此时的光阴风华正茂，暖得像是要把人活生生晒化在里头。如果生命的喜悦可以描述出来，那么它应该是一条湖泊，而翻腾的浪花则是对它欣然地回应。

　　那些浪花起初还是弱小的，带着小心谨慎的试探，在那边跳动一下，渐渐地发现喜悦是充实真切的，它们也就手舞足蹈起来。及至让岸边的人们看见了，心花怒放，拍手惊叹。后来随着喜悦程度的加深，浪花也越来越剧烈，卷起白色的碎末，遮天蔽日盖住岸上人的眼睛。终于，那双眼里流出了幸福的眼泪，含着温暖的亲情味道，让人的防备慢慢软化，让心底的迟疑片片拆解。到最后终于没有城府地完全吸收、接纳，心情是如此坦然，像老旧的唱片机，咿咿呀呀，没完没了地唱着此刻的喜悦。

黄逸梵和孩子住进幸福的城堡里，一刻不停地做着他们花团锦簇的美梦。

快乐的圣诞节，她们是这样度过的。圣诞节的前一天，黄逸梵为孩子们找到了很大的一棵圣诞树。这棵树的树梢要一直顶到天花板，她还和张茂渊给圣诞树挂上了漂亮的小饰品，将小小的蜡烛从树顶一直点到树根。等到圣诞节那天，张爱玲和张子静在树下拆开了礼物，坐在满地的盒子里，包装纸里，细刨花里，玩笑打闹着。过年时他们也可以收到些压岁钱和礼物，但是都不如黄逸梵别出心裁给她们带来的快乐更激动人心。姐弟俩埋首于这种快乐，感到屋子里的每一个角落都折射出幸福的光源。

有时候，他们也会互相开开玩笑，弟弟张子静的睫毛是她们拿来取乐的目标。张茂渊有一天突然提出要借张子静一副漂亮的眼睫毛，张子静马上如临大敌，闭着嘴巴不肯开口。张子静是孩子心性，哪里知道这是大人逗着和他开玩笑呢。张茂渊见他默不作声，越发起了逗弄的意思，又提出只要借一个晚上就换回去的要求。张子静这回倒是有反应了，摇着头看向满脸带笑的黄逸梵，黄逸梵伸手刮了一下他的鼻子，轻轻嗔怪他真是个小气的孩子。

母子三个也经常聚在一起谈论英国的见闻，张子静是最没好奇心的，只顾着听母亲黄逸梵介绍旅途中的趣闻，没有半点其他的想法。更别提有什么问题想要问黄逸梵了，张爱玲则听得十分入神，她喜欢雾都伦敦，觉得那里真是太漂亮了，漂亮的和母亲黄逸梵一个样。在她心里，有母亲足迹的地方总是亲切美丽的。

在黄逸梵和她们讲游泳的事情时，张爱玲的眼神会不时投向她搁在桌子底下的一双小脚。那双脚穿着定做的鞋子，已经做得很小很小了，可鞋尖还是要塞上很多的棉花。张爱玲觉得母亲的小脚和用人何干的不一样，要漂亮很多，但她还是不明白母亲是怎么用她来在游泳池里游泳的。

而此时，黄逸梵也恰好和孩子们谈起她学游泳的事，由于身体常年积弱，黄逸梵在国外下定决心要学习游泳，强健体质。她从来不去公共游泳池游泳，怕被什么不洁的病传染到，只到朋友家私人泳池里去练习。巴黎的朋友专门给她找了个游泳教练，第一位教练因为她那双小脚而婉转谢绝了。后来又请了一位教练，黄逸梵跟着教练学得刻苦，在游泳池里没少吃苦头，以至于朋友都看不下去了，让她放弃学习。但她还是小时候的偏性子，不学就算了，学就要学出个名堂。经过一番苦练，她终于成了游泳池里矫健敏捷的游泳好手，这样的决心，旁人看了是又佩服又感叹。

黄逸梵现在就想把这种劲头灌输给一双儿女，要让两个孩子也从小培养出一点坚韧的品质，以免将来做事虎头蛇尾，一事无成。

在她的想法中，从来没有让张爱玲姐弟去光宗耀祖、重振家门的念头。她对弟弟黄定柱已经失望了，对孩子们的未来还抱有很大的热情。受到国外教育的熏染后，她更觉得中式教育陈旧、落后，扼杀了孩子的天性。

她依照心里的打算，去雕塑孩子还没有成形的品格和兴趣，这也是她对孩子表达爱意的方式。在这些相濡以沫的日子里，她和孩子本来疏远的心慢慢地、缓缓地步步挨近，终于眼看着要重合了。

然而，那只是影子与影子的亲近，真正的融合还在天光云影的风中轻轻摇曳。

如同太美的东西只有经过时间的淬炼才能证明其永恒，未经岁月考验的都只是水中的花镜里的月，说不定什么时候，它们就会消失不见的。

爱与美的维纳斯

在希腊神话中，是这么描述维纳斯的：

维纳斯是古希腊神话中的爱与美的女神，她出生于海中的浪花，拥有白瓷般的肌肤，是个金发碧眼的美女。维纳斯有着古希腊女性完美的身段和样貌，象征爱情与女性的美丽，被认为是女性体格美的最高象征，优雅和迷人的混合体。

美丽的女子大多抱有一种脉脉的神韵，带着纯真和被包容的任性。她们的美在眼角唇梢，眼波流转间风情旖旎婉转，因为有这样稀罕的美，所以她必须得万般重视，小心呵护，像《泰坦尼克号》里的露丝，将海洋之心珍藏在胸口直到死去，那种美也是被一路捧在手里宠过来的。然而光有美还是不够的，那美中应该要包含着圣洁的爱，皎白又无瑕，因为爱，那美也就分外得从容、高洁，像祭坛上直直插着的白色蜡烛，燃得也是冰清玉洁的光。

在张爱玲眼中，母亲黄逸梵在有一段时间内，已经和希腊女神维纳斯完全融为一体了，两者之间有着千丝万缕、不可分辨的相似之处。只要有母亲在的地方，所有的一切都披上了情意绵绵的色彩，哪怕只是一句话、一个微笑、一个小眼神，都在她心里被无数倍的放大。她太缺乏爱了，黄逸梵现在就是一把灌满清水的壶，只要倾身倒下一滴，便能赢得他们倾心的欢呼。

就如黄逸梵对他们的评价，其实可能只是一种淡淡的维护，但对他们来说是却是感恩戴德的，母亲的话字字如珠，谁都想努力地在她心中留下美好的印象。有一次，亲戚家的太太和黄逸梵讨论张爱玲的长相，亲戚说张爱玲谁都不像。黄逸梵就给张爱玲辩解，说她小时候是团圆脸，大了像爸爸，虽然不够漂亮，但是有一点还是长得挺好的。张爱玲那时候听了正在垂头丧气，黄逸梵的话无疑给她打了强心针，哪怕最后得到的表扬只是额头长得好，对她来说也是母亲的难得肯定。

刚回到上海那阵，黄逸梵见两个孩子长得异常清瘦，小手小脚，大脸直瘦的身，她看着很是头疼。为了能让孩子更健壮些，也担心孩子受不了接下去学习的辛苦，她把张爱玲和张子静送到新开张的法国人办的疗养院里去做检查和适度的修养。为了这件事，父亲张廷重没少给黄逸梵和张茂渊脸色看，可是黄逸梵没有理会张廷重的不满。她爱孩子也爱得别出心裁，相信外国先进的医疗设备比起孩子们每天喝的那碗"六一散"要有用得多。张廷重的阻拦在她眼里纯粹是在无理取闹，只能再次证明他是个落后与封闭的人。

张爱玲姐弟起初是不愿意去疗养院的，他们觉得那是在去坐监牢，会失去自由，完全被拘禁起来，黄逸梵细声细气地哄骗他们："那里是很漂亮的。"

母亲的话有着强烈的催眠作用，张爱玲姐弟在用人何干的陪护下终于进了疗养院。在那里，他们过了一段很开心的生活。黄逸梵在去之前就已经替他们打点好了一切，怕他们受到委屈，事先通融了外国朋友，请求这位朋友多加照顾自己的孩子。朋友也心领神会，妥善安置了姐弟俩，因而张爱玲和张子静在里面被照顾得相当悉心，每个人都对他们很友好。张爱玲和弟弟觉得自己像是进了洋人的餐馆里一样，第一次吃上了加了奶酪的通心粉。

他们出了院后，黄逸梵还每天坚持带他们回医院注射营养针，并且每隔一天还要带着他们去做紫外线治疗。

或者是被照顾得太好，孩子们心里的黄逸梵形象总是随着她做的事发生各种改变。她可以是圣母玛利亚的形象，也可以纯洁得如同玛利亚身边拿着弓箭的小天使，把爱的弓箭射进他们的心脏，也可以变成花坛里的一朵花，行动都带着舒服的香味。现在从疗养院回来，母亲变成了紫外线灯那样，时时观照着他们，吃完饭，上洗手间，躺下休息，都要有规矩。她还亲自给他们制定营养食谱，每天都指定孩子必须吃完一碗拌着牛油果的土豆泥，牛奶也成了餐桌上必不可少的营养补品。

黄逸梵抓紧一切机会给孩子们上礼仪课，就连吃饭，也是要树立规矩，要尽量符合西方用餐的礼仪制度。吃饭前，她给孩子们做餐前训话："注意健康，受教育最要紧，不能说谎，更不能依赖。"

张爱玲在后来的自传体小说《雷峰塔》中记录下了母亲黄

逸梵对她们的训诫。我们可以从中感受到她对孩子的爱，带着十分严格的要求，但是也透露出无限的期望。黄逸梵是个独立自由的女人，一个人在国外漂泊了几十年，深受西方文化的影响，看淡了人情的浓味，少了一点爱的弹性，她更关注于对自我的建设，一切以自我为出发点。对于敏感细腻的母亲来说，有自我的意识，其实是幸运也是种不幸。幸运的是，作为女人，她会更好地调节生活状态，以此来迎合内心的情绪，努力让自身生活在最舒服的心态中；不幸的是，作为母亲，她过分重视了自己，对孩子的关注不够深入，也就不能及时领会母亲需要的行动并加以修正。其实对于孩子，黄逸梵出于母爱的本能，也会自觉地去呵护关爱，她和千千万万普通的母亲一样，希望孩子健康成长，独立自主，能独挡生活的艰辛，摆脱过去大家族的恶劣习性。她的出发点是好的，只是这样的母爱后来在不幸的婚姻中，在自顾不暇的现实生活前，在自我、本真的人性中被慢慢磨碎、风化，留下不可释怀的遗憾，一直到她死亡以后，也被后人不停地谴责批判着。

黄逸梵是这样告诫张爱玲姐弟俩的：

老妈子都是没受过教育的人，他们的话要听，可是要自己想想有没有道理，不懂可以问我，但是不要太过依赖于别人。老妈子们当然是忠心耿耿，可是就是何干也不能陪你们一辈子。她死了，你们怎么办？我今天在这里跟你们讲大道理，我死了呢？姑姑当然会帮你们，可是姑姑也死了呢？人的一生转眼就过去了，所以要锐意图强，免得将来后悔。我们这一代得力争才有机会上学堂，挣到了也晚了，你们不一样，早早开始，想

黄逸梵：一生飘逸 一世梵唱

做什么都可以，可是一定得受教育，坐在家里一事无成的时代过去了，人人都需要有职业，女孩男孩都一样，现在男女平等了。我一看见人家重男轻女就生气，我自己就受过太多罪。

"我们就是吃亏在太晚了。"这是黄逸梵看穿人生真相后发出的一句肺腑之言。一切都有点晚，太晚上学、太晚接触到新文化新思想、太晚遇到了生命中的爱、太晚得到想要的生活。她自己后悔莫及，想起来就如万蚁噬心，坐立不安，这些事实如同衣上沾染的墨迹，点点滴滴，斑斑驳驳，洗不掉也搓不干净，就算竭力掩盖了去，终会露出不尽如人意的遗憾，黄逸梵几经挣扎，才无奈接受这山寒水瘦的事实。她不允许孩子也步自己的后尘，总想尽一切所能，在他们的生命还是一张空白的时候，雕刻出空芯的繁丽的花纹。

她教张爱玲学习绘画，总是选择在一个温暖的午后，黄逸梵买来雪白的画布，均匀地绷上画架子，又把五颜六色的水彩一列排开，握住女儿的小手，一笔笔教她学习怎么构图，怎么上色，怎么对比。这时候，张爱玲就像中了魔咒似的瞪大了双眼，不敢相信，原来脱离了传统的笔墨纸砚，这世上还有如此斑斓的颜色可以描绘出万物的风情。

她学得异常快乐，黄逸梵教她画风景、静物，还有人物，这些都是张爱玲每日必修的美术功课，可是张爱玲却只喜欢画人物，而且画的对象永远是母亲——黄逸梵。

在张爱玲的画笔下，黄逸梵像柳树的枝条一样纤瘦，脸是米黄色的三角形，大大的波浪一样的卷发，眼睛明亮，像是刚露出地平线的半个朝阳。她乌黑的睫毛就是四射的光芒了。而且，她还要给母亲的小巧的嘴唇涂上鲜亮的红色，这画上的人如果能够开口，也必定会发出和母亲一样说话的声音，淡而柔和，像清晨漂浮的薄雾。

黄逸梵的美术感悟像电一样过给了张爱玲，张爱玲的生花妙笔有两只，一只用来写文字，另一只用来画画，后来她在港大过得万分寂寞的时候，就是靠着手里的一支画笔打发掉了时间。

而这支画笔，是黄逸梵一手交给她的。

张爱玲喜欢各种油画，尤其对人物画像有着独到的见解，也许是小时候画黄逸梵的人物像画得太多，她手里文学的笔议论起画来，总是捎带着黄逸梵的审美和艺术理念，比如绘画的背景最忌讳是红色，色调太过冲突会掩盖绘画本身的意义。

张爱玲最喜欢的画是达芬奇的《蒙娜丽莎》，她说：

（蒙娜丽莎的笑）是一个女人蓦地想到恋人的任何一个小动作，发出的会心一笑，恋人异常稚气，可爱又可怜的笑蒙娜丽莎充满了宽容，无限制地生长到自身之外去，隐蔽了他的过去与将来，眼睛里就有许多这样苍茫的微笑。

关于她对蒙娜丽莎笑容的描述，有很多次转嫁到了母亲黄逸梵的身上，在她的多部作品中，都写过母亲的笑低眉敛目，有一种脉脉情深的神气。

此外还有一些其他画作的评述，人物也好，景物也罢，在张爱玲的眼中，总有与世人截然不同的审美结论，她善于跳脱画面本身去挖掘画中密藏的更深层次的含义。在她眼里，每幅画都是人世缭乱的浮世绘，与她和黄逸梵飘零的身世相仿，蕴藏着命运无法逃避的感伤。

　　黄逸梵最初的启蒙与调教给了张爱玲带来很多审美的乐趣，张爱玲对油画的把握和感受完全承袭于黄逸梵，几乎一模一样。母女的血液里流淌着共同的因子，而这些又变成宿命的鹅卵石，镶嵌于两人的关系上，若近若远，凹凸不平。

　　除了教习女儿绘画，黄逸梵还让张爱玲学习弹钢琴。张爱玲起先是不愿意的，她只想看母亲弹琴，以为母亲弹起琴来柔媚的姿态是她这辈子都望尘莫及的，小小的心中已经懂得了什么叫做东施效颦了。

　　张爱玲小心地抗拒着，黄逸梵也不强求，尽管她认为女孩子家应该学习些西洋式淑女该有的本领，这些本领一定要和张爱玲前面受过的教育区分开来，不过崇尚个性自由的她在女儿学琴这件事上还是把选择权交给了张爱玲。直到有一次，黄逸梵和张茂渊带着张爱玲姐弟看完电影后，小张爱玲的想法发生了改变，她觉得画画的都是些穷人，而弹钢琴的却可以雍容不迫地坐在舞台上，优雅从容，高低贵贱立马分得清清楚楚，于是她放下画笔，要求学弹钢琴。

　　当然，学琴的启蒙老师也是黄逸梵，在张爱玲学习弹琴前，她正颜厉色地和张爱玲谈起条件，学弹琴是可以的，但是要学就得坚持，这是一生一世的事，而且第一件事就是要张爱玲懂得如何爱惜自己的琴。

　　就是从那时起，张爱玲开始接触了音乐，同时也知道雪白的琴键要很干净很干净，如果没有洗过手，是绝对不能碰上去的。她崇拜地看着黄逸梵用一块绿色绒布亲自揩去琴上的灰尘，觉得母亲也如那琴键一样，美得一尘不染。

当然，黄逸梵唱歌依旧跑调，不能和钢琴声有效配合，张爱玲也完全遗传了她的音乐天分，音乐感觉就那么一点，多也不可能的了。她学琴没有坚持到最后，一方面固然是因为后来家庭经济窘迫无力支撑她高昂的钢琴费用，另一方面，黄逸梵在婚姻破裂后便远走国外。没了母亲的督促和教育，张爱玲的学琴生涯也变得和家里的钢琴一样，黯然失色，毫无光彩。

张爱玲说过："我一直用一种罗曼蒂克的爱来爱着我的母亲。"那么，她对音乐的评价，也是对黄逸梵的爱的祭奠和回忆。

她对音乐的感悟可能更多的来自于黄逸梵：

大规模的交响乐自然又不同，那是浩浩荡荡五四运动一般地冲了过来，把每一个人的声音都变成了它的声音，前后左右，呼啸喊嚓的都是自己的声音，人一开口就震惊于自己的声音的深宏远大，又像在初睡醒的时候听见有人向你说话，不大知道是自己说的还是人家说的，感到模糊。

命运有时候和一场交响乐是如此相似，黄逸梵和张爱玲母女起先都可能以为自己只是乐队里一个可有可无的乐手，可是她们所演奏的乐器一弹奏出声，却是铺天盖地的宏伟。

只是那时候，她们还没有彻底投身进这场音乐会中，其实生活总是如此，有宏观的片段，也有细水长流的情怀。

黄逸梵也教张爱玲学跳舞，在国外游学期间，她经常涉足舞场，跳起舞来犹如弱柳扶风，一双小脚在地上轻快灵动，转个不停，和安静时的她完全判若两人。她是舞会上的一流高手，因而常常被邀请去做那些风度翩翩的男士舞伴，对于自己的跳舞技艺，黄逸梵要比唱歌有自信得多。

　　她们去跳舞的地方是上海鼎鼎有名的百乐门，那里装修得富丽堂皇，优美璀璨，是当时上海滩上流社会争奇斗艳、社交应酬的首选之地。

　　黄逸梵带着姐弟俩时常光顾那儿，在热闹的舞乐声中，三人又跳又笑，凑在一处，好不快活，那日子都是一茬一茬像是开在花丛中的香甜。

　　在那时，黄逸梵的母爱是恬静的，碧澈透明，伸手可掬，既不狭隘，也不拥挤，有一种松透的脆意，张爱玲和弟弟被包裹在里面，像是巧克力里的奶油，满身满心都是美好的甜腻。

　　爱，在当下，在孩子们的记忆里，终于有模有样了起来，从抽象的信件里的文字和照片上的微笑变成涌动在身边的，滚来滚去随手可以触摸到的甜蜜。

　　如果他们有未卜先知的能力，就能掐算到，比起手中棉花糖似的味道，黄逸梵的爱更像是深幽天际中的一片云，它漂洋过海，它翻转腾挪，在他们的世界游离不定，来了又走了，走了又远了，它恋的是风，而不是太阳的温度。在人们的心中仪态万方，变化多端着，可以美，可以丑，美的时候很美，丑的时候，恨不得让人撕下整个天幕。

　　然而幼年时期张爱玲眼里的母亲永远是美的，不管是小时候羡慕她的穿衣打扮发下的誓愿，还是现在无时无刻不注意母亲的衣着。一个爱美的母亲，她的衣饰也出现在了女儿的笔下，专门开辟了一块文字的芳草地。

　　张爱玲笔下的衣饰，大概都以黄逸梵的穿着为遐想目标的，不管是民国初年各种领口样式的服饰，还是以后欧美流行着的双排扣的军人式的外套，都可以配衬黄逸梵出众的风采。更何况，她还是那么别出心裁的人，或者"在那雄赳赳的大衣底下穿着拂地的丝绒长袍，袍叉开到了大腿上，露出同样质料的长侉子，侉脚上闪着银色花边"。她把军衣穿出了她性格中柔媚的一部分。

在现存的黄逸梵的几张相片中，她的服饰是不可不提的一道风景，总是走在时代的前沿，将那个时代的美烘云托月一样地表现出来。我想，张爱玲能绘声绘色地写出那么多的衣饰，黄逸梵给她培养的服装鉴赏能力一定功不可没。

这是个传奇的时代，造就了两个绝美的女子。

黄逸梵爱美，她自己本身长得很美，她的美不同于中国传统女性意义上的美。深目高鼻，明眸善睐，有着强烈的异域味道，张爱玲为此还认真地和弟弟谈论过母亲的血统，说祖上有人可能来自于国外，哪个国家不能考证，他们心目中的母亲已经彻底和西洋挂上钩了。

每个孩子心中向往的母亲都不会一样，他们各自绘图母亲的形象，心思一点点积累，然后聚沙成塔，终于塑造成型，这是他们自己的母亲，和别人都没有关系，也容不得他人置喙。

黄逸梵一定不知道在张爱玲身上还有这样一个小故事。有一次，小爱玲仰躺着睡觉的时候，曲起了一条膝盖，保姆怎么说她都不停，干脆用手压平了她的膝盖。可一会儿，小爱玲又把膝盖支了起来，并且振振有词告诉何干，黄逸梵也是这样的。何干向张爱玲解释，嫁了人的可以屈膝，但是张爱玲却调皮地告诉何干："你问妈，她一定说没关系。"

就是没关系的，在她的心里，黄逸梵的爱与美，像拨开了一天的乌云，露出了青天白日的太阳。那时，心也是潋滟的，光也是明耀的，世界都是最好的。

阳台上的栀子花开了又谢了，种在种植园里的竹子一年年在拔节，怀里拥着满满母爱的孩子虽然也同时光一起长大了，但还是喜欢听各种关于母亲的故事。有趣的故事是指引灵魂行走的一盏航标灯，他们愈是长高长大，就愈是害怕失去这点微光，如果失去了，他们就找寻不到回家的路途，永远漂泊，永远哭泣，永远彷徨。

厌红捧绿的母爱

爱，是怎样来到我们身边的？它穿过云间，乘着清风，顺着叶子的脉络滑落，敲开明洁的窗户，在兜满阳光与晨风的窗帘飞扬的一刹那，滴落进我们的眼睛里。

我们的爱，跋涉千里而来，在一路奔波中变换了容颜，它是环肥燕瘦的，是远近高低的。有了自己的想法和灵性，在我们把生命的脉动注入爱的时候，它就和我们相依共存，与我们的思想做一辈子的伴侣。

我们常说爱是无私的，希望爱能够雨露均匀，公平地给予每个需要它的人，在不知不觉中，爱就被我们拔高了要求，那些关于恒久忍耐，又有恩慈，不嫉妒、不夸张的爱被请进了高尚的殿堂，爱被描述得如此圣洁，几乎没有任何的瑕疵。可是我们都知道那是被夸大的爱，真正的爱，既要有悲悯世人的慈悲，也要懂得看到雨滴浇灌了花草，春风吹散了阴霾后的喜悦。爱可以卑微，可以浓缩，甚至可以带有主观的色彩，爱不是为了谁而特意施舍，而是那爱顺从了内心的召唤。

李清照的《如梦令》吟唱着："知否，知否，应是绿肥红瘦。"绿色难得唱了个主角，在李清照的清丽小词中，升华到无与伦比的境界，而红则一再退缩，寄居于红尘一角，满满褪却满目的光华。

然而也有例外，黄逸梵在考虑教育"红男绿女"的一对儿女时，她的爱稍加甄别，最终停驻在张爱玲身旁。

爱不是盲目的，选择想要去爱的人，是为了节约不必要奢费的感情，心是那么狭窄，所以硬挤出来的爱未必能讨取所有人的欢心，那就不如把最重要的爱留给自己想爱的人，各自欢喜，各自珍藏。

一个人的命运之轮从小时候就已经被悄悄转动，它今后会驶向何方，会遇见谁，被谁爱，可能都是早就注定好的。而张子静，他要行走的人生道路，从年幼的时候，就已经有了明晰的路牌，他一路蹒跚而行，一步步走向平庸寻常里去。

小时候的张子静据说生得很美，从小就被家人惋惜着，那样漂亮的小嘴，大眼睛，黑长的睫毛，都生在了男孩子的身上。

美，有时候是种幸运，有些人拥着美丽，可以锦上添花，让美味人生增光添彩，达到更美的层次里去。而美也是把双刃剑，只是美，不知道善加利用，那美丽也只是被可惜地收藏或者浪费，然后任由岁月无情地在美上剐出狠狠的印记。

有了这样的美貌，小张子静是很自得的，似乎生命展开的意义就是为了获得一副好的皮相，有了美，他只想用美去和命运分庭抗礼。

有一次，大家说起某人的太太很漂亮，小张子静马上问道："有我长得好看吗？"于是，大家经常拿这件事取笑他的虚荣心。

黄逸梵：一生飘逸　一世梵唱

在三十年代，重男轻女也是家庭合奏的主旋律，张爱玲会为了自己的外貌比弟弟稍逊一筹而与保姆何干争辩，在她看来，男孩和女孩都是一样的，凭什么女孩就要比男孩低人一等，更何况是从外貌上加以区别。"以貌取人者，岂是贤德人"，黄逸梵要强好胜的脾气在女儿身上延续了下去，从张爱玲的话中，她似乎看到了另一个自己。在男权的社会中披荆斩棘，所向披靡，她昂首阔步，把很多男人甩在了身后远远，让他们以一种崇拜、艳羡的姿态来仰望自己。

找到自己生存的定位，努力地狠狠地活得鲜艳，活得精彩，女权的种子在母女两人心中一样生了根，发了芽，开花结果，漫天铺地。

再看儿子张子静，几乎没有男性该有的韧劲与毅力，这点让黄逸梵非常担忧，在她印象中，张子静从小身体虚弱，经常生病。把煎好的药端到他跟前，却吵着闹着不要喝药，只想吃糖，仆人便在这糖里掺入了黄连汁，用浓浓的苦来浇灭孩子的期待。可是张子静仍旧很馋，越哭越伤心，小脚乱蹬着，眼泪肆意流淌。

他就这点心性，为了眼前的一点甜头，可以什么都不管不顾，长大以后的他也是如此，从来没有找到过生活正确的方向。一生碌碌无为，只为了蝇头小利活着，活得卑微怯懦，也许，该他出的风头，却被母亲和姐姐抢去。从小就处在阴盛阳衰的境地，那种勇于挑战命运的勇气早早地萎谢凋零，随风而逝。

张子静后来仍旧哭得很伤心，家人又把他的拳头涂上了黄连汁，只为了让那个可怜的孩子断掉吃糖的念头。

这样的儿子，黄逸梵教育起来自然觉得头痛。张爱玲和张子静个性上的分歧大得惊人，姐姐风华绝代，遗传了母亲的一身飘逸，张子静身上却找不到半点母亲的风采。黄逸梵也想过好好培养张家唯一的血脉，好让张家的男性也能扬眉吐气一回，然而希望越强烈，失望也就越庞大。

张子静和他的父辈一样，继承了辉煌的家世，身处锦绣富贵丛中，但是从来没有在乎过，更谈不上要守成。他们只是那个时代僵化的标记，是被后人用来摇头惋惜或者口诛笔伐的，于他们而言，生命，既不浪漫，也不美丽，只有沉沉地拿不起来的笨拙。

构成故事的还有一些生活中的琐事，这些也在考验黄逸梵母爱的耐心。张爱玲和弟弟一起编"武侠小说"，故事的背景发生在"金家庄"，时间是在黄昏时分，整个故事由姐姐张爱玲叙述出来，精彩动人，高潮迭起。而在弟弟张子静的嘴里，却罗罗嗦嗦，讲述不清。

张子静有时候甚至不配合张爱玲的故事情节，只知道追着姐姐到处跑，却没看到身后母亲紧皱的眉头。

爱就是那么神奇，曾经也想过要怀着一种茉莉清香，细细萦绕在孩子心头。但是转眼之间，茉莉的香味叫风吹偏了方向，落在张爱玲身上，总是多的，浓的；落在张子静身上，是淡的，不够绵长。

身为母亲黄逸梵，面对两个能力、个性迥然的孩子，母爱的天平产生了倾斜，下意识地往张爱玲身上偏过去，再偏过去。

张子静的种种劣迹考验着黄逸梵的爱，爱不分高低贵贱，但爱可以分成三六九份。张子静生日那天，黄逸梵吩咐张爱玲给弟弟准备一样礼物。张爱玲花了半天时间给弟弟画了一张画，画上的张子静穿着黄逸梵送的小西装，花呢的外套与短裤，手里拿着一把玩具空气手枪，潇洒帅气，画面逼真。这是一份心意，明白的人应该好好收藏，张子静却拿出黑笔把搁在餐具上的画涂了几道黑杠子，美丽的画遭到严重的破坏，一颗真挚的心也受到了严重的蔑视。

　　黄逸梵严厉地训斥了儿子，她本以为他会哭着向自己求情，然后再向姐姐道歉，可是她枉费了半天口舌，张子静却毫无反应，只是睁着一双大眼睛无辜地望着她，那浸水葡萄的眼睛黑蒙蒙的，太黑，反而失去了光泽。

　　黄逸梵叹了口气，放过了儿子也同时饶恕了自己的怒气。儿子在她心里，一直是张家的人，虽然和自己同样的浓眉大眼，同样具有鲜明的外形特征，可那终究只是漂亮的皮相，隔着肚子的，是两颗怎么也讲不通、合不拢的心。她不是怪儿子为什么没有遗传到自己的外貌时，顺便也遗传了自己的个性。只是觉得无奈，张家的儿子终究归到了他父亲那一流里，她花费了不少心思，却拽不回陷在庸淡里的张子静。

　　每逢张廷重考验两个孩子时，对于张子静来说，又是一重巨大的磨难。张爱玲早早背完书上床睡觉去了，烟榻前只留下一个支支吾吾、不知所云的张子静。他背《孔子》，背了几句就卡壳了，眼睛不安地睃着父亲。张廷重起身催他背下去，他却怎么也找不到下面的文字，站在张廷重身前抽抽搭搭地哭泣。张廷重恼羞成怒，拿起书一把掼出门外，正巧摔在黄逸梵的脚前。黄逸梵看着不停哭泣的儿子，叹气声无声地溢出了胸腔。

　　她仿佛看到了自己小时候和黄定柱一起游戏玩耍的场面，看到了自己和弟弟坐在私塾里读书，自己安安分分，像干燥的海绵一样努力吮吸知识，而黄定柱却和小伙伴们打打闹闹，总是被先生敲手背，罚写字。

她对丈夫张廷重和弟弟黄定柱的失望由来已久，如今，这样的失望蔓延到了张子静身上。追求完美的人，爱是浓烈的，厌恶的感觉一旦产生，也是烈焰灼身的霸道。

曾经看过这样一句话：我们人之所以来到这世上，是为了寻找一个可以和自己一起修行的人。

能和黄逸梵一起修行的人，不是丈夫张廷重，不是儿子张子静，也不是小姑张茂渊，却是女儿张爱玲。

与一个人相知，是寻求"子期死，伯牙谓世上再无知音"的心灵默契，可以生生死死相伴，追求心的同一跳动频率，寻求思想上的共鸣，行动上的互补。但是人和人修行，那种境界又位于"高山流水遇知音"的追求之上，那是灵魂与灵魂的对话、磨合，寻求精神层面的契合，从精气神三方面全方位的互相磨合、雕琢，直到彼此融洽，再无缝隙。

黄逸梵在书中夹了一朵花，鲜艳的花朵失去了水分，变得干涸不再色彩绚丽。这本是件极为普通的小事，浪漫的黄逸梵却给这朵花编了个小小的故事。张爱玲听了，悲从中来，对着花流下了泪水，弟弟张子静只默默注视着那朵花，脸上是无所谓的冷漠与苍白。孩子们鲜明的对比让黄逸梵深有感触，她夸奖女儿和她一样有一种"优裕的伤感"。而对儿子，她也只能无奈地抱怨一句："你看，姐姐不会为了吃不到糖而哭。"

在艺术领域内，文学也是母女俩的共同处。《小说月报》上刊登了老舍的《二马》，母亲坐在抽水马桶上看，边看边笑出声来，张爱玲也高兴地倚在门框上静静浅浅地笑。后来，张爱玲长大了，读了老舍很多文字作品，但始终还是觉得《二马》要胜过其他作品。

或者是字里行间释放的气味，让张爱玲和黄逸梵的心灵距离穿过神秘的时空隧道，黏合在一起。哪怕后来两人间的亲情经历风吹雨淋、万般锤炼，两人间不属于尘世所有的气质与特性还是始终相连着，如同池塘里的荷花荷叶都败落成泥，那下面的藕，切开来，却仍旧有银丝细细牵着。这样的联系，是前世注定的缘，在今生也必然是无法斩断的份。

后来，张爱玲在小说《白玫瑰与红玫瑰》里，写了这家常而温馨的一幕：

振保在大门口脱下湿透了的鞋袜，交给女佣，自己赤了脚上楼走到卧室里去，探手去摸电灯的开关，浴室里点着灯，从半开的门望进去，淡黄色的浴间像个狭长的轴，灯下的烟鹂也是本色的淡黄色。当然历代的美女画从来没有采取过这样尴尬的题材——她提着裤子，弯着腰，正要起身，头发从脸上直披下来，已经换了白地小花的睡衣，短衫搂得高高的，一半压在颌下，睡裤臃肿地堆在脚面上，中间露出一截白蚕似的身躯。

他开了卧室的灯，烟鹂见他回来了，连忙问："脚上弄湿了没有？"振保应了一声道："马上得洗脚。"烟鹂道："我就出来了。我叫余妈烧水去。"振保道："她在烧。"烟鹂洗了手出来，余妈也把水壶拎了来了。振保打了个喷嚏，余妈道："着凉了罢！可要把门关起来？"振保关了门独自在浴室里，雨下得很大，忒啦啦打在玻璃窗上。

母女间的感情真是奇特，在这时还是"海上生明月，天涯共此时"的和谐，完满，美好。明月千里来相照，一个在水，一个在月，水折射了月的光辉，月在水中得到了自我的观照。然而就是命运吹起了呼呼的朔风，明月顿时被乌云笼罩，水也失去了明月的光辉，这水月相依的时光短暂得只若夏日午后一个被蝉鸣惊醒的午梦。

　　也许，相互间的修行也要讲究缘分，缘到则聚，缘去则散，没有人能够阻拦，命运的车轮，它始终义无反顾地向前行进着。

　　在这期间，黄逸梵亲自担当教学张爱玲英文的任务，她在外国待得时间长了，从一开始目不识丁，不敢开口，到能够说一口流利的英文，都是和她的勤勉与努力不可分割的。如今黄逸梵也竭力培养张爱玲成为具有西洋文艺气息的女儿，她从张爱玲眉眼间流露出来的倔强、不服输的神气上，仿佛又找回了停留在童年里的自己。

　　当然，世界上没有完美的人和事，完美只存在于人们的美好愿望里，因为不完美才有遗憾，有了遗憾，人们才会想去奋力改变。

　　黄逸梵最遗憾张爱玲的长相不如自己，淡眉细眼倒将父亲张廷重的相貌遗传了十成十，她关心女儿的外貌，觉得如果以张爱玲的聪慧再加上美貌，就足可以媲美古代的蔡文姬、李清照、班婕妤。于是，黄逸梵每天亲自动手，吩咐仆人取一碗蓖麻油给张爱玲刷眉毛，浅黄色的透明油体让一双执着小刷子的手轻轻刷在了眉毛上，那两道眉毛像两片挂着晨露的柳叶，发出晶莹润泽的淡光。

　　张爱玲开心地扑在黄逸梵怀中，黄逸梵哎哟叫出声，推开她，掸去衣服上的油滴。张爱玲羞涩地朝着黄逸梵笑了笑，那眼神里份外有万分的愧意和不安。

张子静也含着手指看着姐姐和妈妈有趣的互动，那时，他还没有真正尝到被冷落的尴尬味道。

爱从花朵的蕊心里被细致地吐出，它本来无形无味，无色无香。它要是掉落在花瓣上，那爱就是香的，鲜红的，富有朝气和活力；它要是滚落在绿叶中，那爱就是新鲜的，翠绿的，可爱且清新，令人恋爱。可是它要是摔在脏污的泥土中，被人随意的践踏，踩压，那爱也就污浊肮脏，失去了原本的空白与纯真。

所以，不要怪爱为何如此偏心，如此不同，它存在的意义，是为了反照我们自身的价值，找一个值得爱的人，好好去爱。被人爱，是幸福，也是荣耀，因为，我们足够优秀，才能享受更多的爱意。

姻缘如水，触之生凉

世事过于坦白难免残忍，紫陌红尘多的是尾生抱柱赴死的旷世深情故事，也有诸如司马相如和卓文君如此先扬后抑，最后差点形同陌路的悲剧剧本。有人说："前世的五百次回眸才能换来今生一次擦肩而过。"而错误的姻缘，那是前世迷离的眼投注错了方向，那深情款款的眼神错付了一片真心，及至轮回后，方才恍然大悟，心目中的良人并非当初芳心期艾的模样，经过无数风雨的洗沥，岁月的还原，千山万水来到身前的人，竟然改变了初衷，满心欢喜变成一腔哀怨，曾经"与尔同销万古愁"的想法也如同曝于阳光下的冰雪，嘶嘶嘶地就消失不见了。

"鸳鸯于飞，毕之罗之。"同心枕上也曾撒下百年好和的祝福与期许，花前月下也曾有过对爱情渴望和忠贞。然而沧海过后毕竟是累累桑田，谁都没有办法扭转两颗分崩离析的心。缝隙那么大，即使倾尽女娲用来补天的七彩石液，也难以挽回一场离心离德的婚姻。对于黄逸梵和张廷重来说，遗憾一直存在着，婚姻羁绊了各自的人生，放眼望去，他们的婚姻之路，磕磕绊绊，满目都是动人心魄的伤痕。

黄逸梵回国前，曾和张廷重约法三章，她此行的目的主要是为了回来照顾两个孩子的生活起居，自然，她还想顺便看看这段婚姻还有没有挽回的可能。

出于一个女人的矜持和自重，回国后，她没有向张廷重率先发出求解的信号，而是用一种相敬如宾的方式和张廷重保持着不冷不热的距离。

我们可以理解黄逸梵的这种行为，她一向是高傲自持、目下无尘的。她虽然回到张廷重的身边，对张廷重的印象却始终停留在当初离开前的样子。张廷重的迂腐和闭塞，与时代格格不入的气质也是维持一贯，始终没有改变过，黄逸梵对他身上的一切不能不说是万分失望的。

这个男人既没有破釜沉舟改变的勇气，又没有励精图治、接受新思想的举动，和黄逸梵心目中理想的男人形象实在差了十万八千里。

世间的感情大抵就是这样的，情人眼里容易出西施，如果两情相悦，刀山火海也能变成青山绿水的宜人景色，如果一厢情愿，再美的夜明珠捧到眼前也和死鱼的眼珠子毫无差异。

张廷重在黄逸梵的心目中，只是个和她一样被婚姻的镣铐

锁得动弹不得的可怜人，她不在乎他是怎么看待这段婚姻的，
对她来说，这场婚姻味同嚼蜡，早就失去了该有的颜色与香味。
怀着这样的想法，黄逸梵回到小公馆后，在安排房间上颇动了
一番脑筋，她并不愿意和张廷重共处一室，她是需要爱的，但
不是所有的爱她都可以无条件接受，尤其是在心里已经打上了
厌恶标签的男人，即使是自己的丈夫，她也不会轻易屈服外在
的压力。她将自己和张廷重的房间安排在一左一右两个位置，
中间还隔着小姑张茂渊的闺房。

　　张廷重做梦也没有想到，妻子回家后，他等来的不是含情
脉脉地温存或者情意绵绵地相处，而是令人异常难堪的漠视。
他的男性自尊受到了极大的打击，更何况他本来就是个不善言
辞、不懂得向女人示爱的男人。他从小接受的教育就是"夫为
妻纲，父为子纲"。从来没有人教过他怎么做一个体贴、善解人
意的丈夫，这些都不在他受教育的范畴内。

　　他是痛苦的，面对着貌美如花、艳帜高涨的妻子，他被内
心不断涌现的自卑和不甘的感觉撕扯着。他就像是在大海中随
意漂泊的一叶孤舟，最有可能成为船屐的枕边人却成了一股强
劲的罡风，将他吹得云水茫茫，不知彼岸在何方。

　　张廷重从小养尊处优，思想不仅保守还有股孩子气一样的
冲动与幼稚，他眼看得到黄逸梵正眼青睐是不太可能的事了，
便在一些小事上刻意示威或者营造一些小意外，想借此引起妻
子的正视。他总是如此胆怯，处在婚姻的险境中常常错过了逃
出生天的机会，行事笨拙且不懂得善加利用女人的同情心，到
最后败得丢盔弃甲、一塌糊涂也是情理之中。糊涂的人得不到
真爱，他的爱也是没有打匀的藕粉羹，浑身不见一点通透和

明白。

　　张廷重喜欢在一家人亲亲热热吃饭时忽然制造一些意外的小行为，他故意用手摁住一边的鼻翅，发出恶心的擤鼻声，然后用另一边的鼻孔重重哼一声，整个人如同一只巨大沉重的缸鼎，稍微一晃就摇摇晃晃，重心不稳。他将黄逸梵跟前的一盘鱼端到自己碗前，却不认真吃，用筷子将鱼叉得一块一块，上面沾满恶心的口水，等到大家都不自觉地皱起了眉头，他才悻悻然一仰头，整碗饭就覆在脸上，筷子像急雨似的敲得那只碗当当作响，张廷重吃完了把碗往桌上一掼，站起身不顾别人的感受就走。

　　等他走后，一桌子的人才仿佛找到空气似的，大大呼出一口气，黄逸梵的饭后教导也总是在张廷重的脚步声消失在楼梯尽头时才施然展开。她这时候已经学会熟视无睹，张廷重的任何行为举止在她眼里都和提线木偶一样的可笑，她没有想过要操控他的人生，正相反，她十分愿意把这根无形的丝线剪断，换他们两个人一段自由的时光和永远新鲜的距离。

　　张廷重也有一时半刻清醒的时候，他大概也觉得自己的行为有些过分和造作。有时候吃完饭，他便故意迁延着不肯离开，绕着桌子一圈一圈又一圈地走趟子。他尝试和黄逸梵说些鸡毛蒜皮的事，一开口却是可以做成八股习文的老生常谈。黄逸梵低下头只管慢慢地吃饭，她眼鼻相观，脸上还是那股脉脉的羞涩深情，只是眼睛里没有任何波澜。

　　人都是这样，与一个相厚的人说话，絮絮叨叨说得哪怕都是无关紧要的话，那一刻也心甘情愿掉在别人的言语中，那横飞的唾沫星子都是一颗颗的钻石，掉在地上都闪着惹人怜惜的光芒。与一个对不上眼的人说话，哪怕他是世界上最会说话的演讲家，那些话到了她的唇边都是被风干的臭肉，隔了远远的路，就能让人心生厌恶，恨不得离他远远的，永远不要再接触才好。

张廷重的讲话多数是得不到任何回应的，他也知道，所以他越发沉默，那种沉默是股滚烫的岩浆，里面包裹着对失去的恐惧。他害怕失去黄逸梵，他和所有想爱的男人一样，对爱有着绝对自私的占有欲和控制权。内心的恐惧驱使他做出更卑鄙龌龊的事情，为了防止黄逸梵再次抛下自己远走高飞，他首先想到的就是要掐断她的经济源头。

从一开始搬洋房到后来的生活用度，他都一概采取不闻不问不管的三不态度，黄逸梵最初还试着向他要些生活补贴，碰了几次壁后，她也就冷了心肠，不再索求。

她是骄傲的女子，把金钱看得比鹅毛还要轻，在她心里，钱财是用来服务于人的，如果让金钱占据了生活的一切，就失去了原来悦人的功效。

她不再要求张廷重出钱养家，态度鲜明地和张廷重划清了界限，两个人大有你走你的阳关道，我走我的独木桥的架势，老死不相往来对于那时的他们虽然说严重了些，但是最后无可避免地还是走到了这一地步。这是命运的使然，也是两个完全不对等的人给人生交出的一份无奈的答卷。

黄逸梵和张廷重的矛盾充斥着生活琐碎的矛盾，例如为了孩子喝奶粉的问题，吃营养餐的时间，穿什么衣服，他们对生活不同的理解，成了战火爆发的引线。

　　黄逸梵喜欢丰富多彩的夜生活，她认为夜能够遮掩一切丑恶，霓虹灯流光溢彩的一面比白天更能让孤独的人适应。张廷重也喜欢夜生活，他是用来去堂子里寻欢作乐或者上牌桌抓胡，一玩就是一个晚上，他也许不是蓄意报复黄逸梵的冷漠，可是黄逸梵已经认定他是故意疏远自己了。

　　一个女人再坚强再勇敢，毕竟还是需要男人精心呵护的，哪怕那个男人不是她的心头好，她也会怕寂寞，也会怕午夜梦回时的空虚。渴望被爱是每个女人生下来就被赋予的使命，爱是热，被爱是光，被爱的人反射出热的光芒，那是她脚踏实地可以依赖的幸福。

　　黄逸梵没有在张廷重身上感受到这种幸福，她的心从最开始回国时的雀跃期盼，渐渐变成天空中一闪而逝的流星，那些光与热永远都温暖不了苍穹的广阔和寒冷。

　　矛盾被敲开后，就像决了堤岸的洪水，一发汹涌不可收拾。张廷重和黄逸梵在给张爱玲选择教育的方式上发生了剧烈的争执。张廷重希望一双儿女能继续攻读四书五经，想要给他们聘请当地有名的私塾先生在家教授孩子们学习功课。黄逸梵对此深恶痛绝，坚决反对孩子再受到封建余毒的残害，她不想张爱玲步他父亲的后尘。尤其是这个女儿，面貌和自己虽然不同，但血肉里的气质风度却一模一样，她小时候吃过的苦头决不能让女儿再吃第二次。

　　黄逸梵是个觉醒了的女人，她希望女儿张爱玲走和她完全不同的童年道路，希望张爱玲能靠自己的能力与本事吃饭，而不再成为被男人任意奴役和压榨的对象。

　　她不顾张廷重的反对，像拐卖人口一样，在张廷重某次午睡的时候，悄悄牵起张爱玲的手来到当地由美国教会办的黄氏小学做插班生。

　　当黄逸梵挽着张爱玲的胳膊来到黄氏小学时，校园顿时轰动了。她的风韵与独特的气质倾倒了那些含苞待放，对以后的生活充满无限想象的孩子。在他们眼里，这就是从九天上飞落人间的女神，举手投足间都是潋滟风流的气韵。

　　黄氏小学的老师照例询问张爱玲的学名，黄逸梵顺口给张爱玲（当时还是叫张瑛）改了个很顺口的英文谐音名字，这个名字后来伴随张爱玲响彻上海滩的文学界。以后张爱玲几次三番都嫌爱玲叫起来不够响亮，想另起个别致些的，但是想到这是母亲赐予她的一件礼物，张爱玲也就不再介怀，欣然接受。黄逸梵影响了张爱玲整整一辈子的时间，从血脉亲情到思想话语，她们生分了大半辈子，怨了大半辈子，但是藕断了丝还连着，相似的女人到了暮年总会升起一种英雄相惜的惆怅和失落。

　　张廷重知道黄逸梵瞒着自己带女儿去报了教会学校后，在家中大发雷霆，他觉得自己作为一家之长在这件事上颜面扫地，没有半点话语权。更可怕的是，他无法想象自己将要拥有一个和妻子一样特殊的、不受世俗约束的女儿。

　　对于甘心平庸的他来说，他既不能靠自己单打独斗来征服整个世界。也不能通过征服所谓的弱势群体——女人，来降伏整个世界，深深的挫败感像片巨大的阴影沉沉压着他，和黄逸梵的争吵因此也在不断升级中，整个家庭陷入纷飞战火的状况，一片狼藉。

在家庭纠纷中，孩子总是首当其冲被伤害。张爱玲姐弟沉默着，被各自的用人领到小花园中，曾经春光明媚的风景在炎炎夏日里居然呈现出萧索的秋日景象。花儿开得再美，张爱玲也感觉不到它们浓泽的色彩，因为她已经嗅到了四分五裂的危险气息，她知道属于姐弟俩的好日子终于走到了尽头。

压垮婚姻的最后一根稻草是搁在热水汀上的一把伞。原来张廷重故态复萌，不仅瞒着黄逸梵悄悄抽上了大烟，又暗中和一个叫老四的窑姐打得火热。他经常叮嘱看门的男仆在深更半夜时将老四放进屋来，那把伞就是悄悄偷欢后遗留下来的罪证。

看似和谐的时光到现在戛然而止，努力维持着的繁荣景象如一枚脆弱的鸡蛋被重重磕碎在了大石头上。原形毕露后才发现，揭开金玉其外的生活，里面是腐烂发霉泛着臭气冲天的真相。

黄逸梵在整个过程中没有掉过一滴眼泪，她只是笑，只是轻声慢语地警告张廷重不要把外面的女人弄到屋子里来腌臜了她的地盘。

胡兰成曾经这样表陈过自己坎坷的身世，在他的结发妻子玉凤和生母死的那天，他痛哭流涕，指天发誓：

对于怎样天崩地裂的灾难，与人世的割恩断爱，要我流一滴眼泪总也不能了。我是幼时的啼哭已经还给了母亲，成年后的号泣已经还给了玉凤。此心已回到了如天地不仁。

黄逸梵也是如此，她的眼泪，早在第一次出洋时就已经全部还给了张廷重，"闻君有两意，故来相决绝。"她不愿意靠着眼泪来求取他人施舍的感情，也确认自己对张廷重的爱已灰飞烟灭，形神俱散。这一次，黄逸梵雄心壮志，下了决心要与张廷重两两相忘于江湖之中。

决心一旦下定，在黄逸梵的心中，婚姻就如沉水，触之生凉。

夫妻的缘分若非着意体贴呵爱，就容易云消雾散。"缘"就像是山，"分"是绕山的云雾，山与云雾相缠绵，谱写世间壮丽摄人的爱情诗篇，云雾一旦散开，那山仍旧是山，也依然青翠葳蕤。只是多了一份寂寞与难耐，迎着满山的风和雨，合着日月星辰的微光，纵然娇艳如斯，也空留有缘无分的惆怅。

第四卷

咫尺天涯的距离　若即若离的牵绊

　　一只蝴蝶在它决定挣脱蝶蛹缠缚的那一刻，就已经获得了美丽生活的机遇。尽管在还是青虫时被人百般唾弃，辱骂，不屑或者伤害，但是向往更美的生活的心愿没有改变。

　　那种愿望，就像要穿石的水滴，孤寂，冰冷，弱小，却绵延不断，一气呵成，唯一的想法就是凿穿身边暗黑沉重的压迫。哪怕只能洞穿一个小圆孔，放得一线光明进来，灵魂也将在这线光明之中得到安顿，得到升华。

转身后的眷恋

在选择和丈夫张廷重离婚时，黄逸梵就知道，这辈子她是无法回头了的。

世界上没有后悔药可以售卖，这个决定可能会影响到她今后的生活。

在那个年代，离婚是件非常罕见的事情，被休的女人是会在背后让人戳穿脊梁骨的，甚至一辈子抬不起头来。黄逸梵决心把说离婚的机会留给自己，她不是不珍惜婚姻和夫妻情分，而是她深深明白缘来则聚、缘去则散的道理，好聚好散远远胜过勉强凑合的天长地久。

黄逸梵毅然决然向张廷重提出了离婚，意料之中，张廷重暴跳如雷，说什么也不肯签字离婚。他对黄逸梵怒吼道："我们张家的声誉要全部被我们毁掉了，你知不知道。"

他只敢承认自己不肯离婚是因为要保全煌煌大族的脸面，

到了最关键的时刻，他还是拉不下脸承认是因为深深爱着妻子，不愿意黄逸梵从此挣脱了婚姻的桎梏自由飞翔。他没有和她比翼双飞的勇气，只想用根无形的麻绳捆绑着她，一起醉生梦死，沉沦陷落。

黄逸梵被张廷重极端暴躁矛盾的情绪撕扯着，内心的挣扎和沉重像轰隆作响的瀑布，直冲山崖，在心湖里撞击出震天蔽日的酸腐。

她是不快乐的，离婚这个决定，不是儿戏，也不可能成为炫耀的资本，不到最后谁都不肯拿起铁锤敲碎婚姻，哪怕它是冰冷、无趣、寡情的。身在婚姻的围城，真正有勇气冲出城门，肆意寻找自由的人很少很少，待在围城里的人需要抱团的温暖，也顾忌那些所谓的逆耳忠言。

很多决定，坏在被人耳提面授上，在他人指指点点的言语中走岔了气，变成行尸走肉的苍白样子。

黄逸梵是有思想的，她被困顿在婚姻城堡里，接触的是腐涩的鸦片味道，看到的是张廷重犬马声色的糜烂。重重的压力与不满如厚重的云盘旋在头顶，那日复一日的绝望和压抑挤过来挤过去，把人挤到深深的绝境里去。

风吹过，双眼迷离，憔悴的叶子遮住憔悴的脸庞，曾经的点滴团团转来，在面前挽成沉默的笑花。很美的事情，很好的人，到了该走的时候，该散的时候，只有曲终人去的寂寞。

更何况，那些点滴的过往，总是泪水多于快乐，痛苦多于希望。因而必须放手时，假若还留恋着一丝旧情不肯舍弃，非但以前的痛苦白白承受，就连宝贵的未来，也必定会尽数跟着一起陪葬。

黄逸梵在悒郁中，一个人带着张爱玲姐弟俩去了杭州西湖。

那里的景致"水光潋滟晴方好，山色空蒙雨亦奇"，三月的春意在杨柳的枝头才兴起，还没有绕上春风的蜜意柔情，桃李花儿却一路飙艳，只管要向才来的春献上小意殷勤。边走边赏，这样的景色多多少少驱散了她心头的阴霾，绕岸白堤下，一泓碧水叫轻纱白雾遮去了羞涩的俏模样。雕梁画栋的画船华丽丽地荡开湖心静谧，晨曦容易破开云翕的深浓浅淡，朝晖也是清愁的，在波光粼粼的湖面上映上哀薄的目光。

黄逸梵牵着儿女们的手，顺着河堤慢慢走去，吃遍美食，览遍美景，那心在随着青山绿水一路蜿蜒，勒出细细密密难以言尽的心事。

"杨柳岸，晓风残月，此去经年，应是良辰好景虚设，便纵有千种风情，更与何人说?"一个人游景，景色固然绚烂到极致，那种冷清与孤独却在繁丽的景中愈发被衬托得明显与不堪。黄逸梵是个不甘寂寞的女子，她怕冷清，怕无聊，怕大好时光浪费在了伤春悲秋的情绪中深陷不能自拔。越是害怕，刘锴的影子就越是要踏月而来，在午夜梦醒时最岑寂的时光里与之痛苦纠缠。她伤心至极，一个人抱膝坐在月下的台阶，清凉如水的月华披散了一头一脸。她的感情，非但没有得到银色的升华，反而又在迷离的月色中更添几许缠思。

黄逸梵原本想着回国后能在张廷重身上得到安抚，她需要用被爱来打败爱情。不见得爱上一个人会有多么幸福的结局，但被爱总是愉悦的，最起码很安全，不用考虑失去后会面目全非的心情。

只是那感情到最后所托非人了，张廷重给她的爱太过残忍，他只会有这样的方式爱她——折断她的双翼，收去她的自由，全然的禁锢和穷凶极恶的占有。

黄逸梵此时在心底又翻转出了那段无望的爱情，刘锴不是因为她不好放弃了她，被外力冲击到支离破碎的爱才最让人心痛。她强忍着这样的痛楚，在西湖边兀自用乱颤的笑点缀内心的悲哀，那样的笑，藏在照片里也掩盖不了其中的苦涩。

黄逸梵拿到了照片后，思绪万千，沉吟半晌，在照片背后提笔写下了一首小诗：

回首英伦，黛湖何在？想湖上玫瑰，依旧娇红似昔，但勿忘我草，却已忘侬。惆怅恐重来无日。支离病骨，还能几度秋风？浮生若梦，无一非空。即近影楼台，亦转眼成虚境。

她是想起了刘锴，想到骨碎心蒸，那爱的娇吟还留在英伦的黛湖上一起碧波荡漾，爱情已狠狠抽身而去，几乎带走了她大半个灵魂。

她需要爱，爱与被爱都需要，唯独不渴求变异的感情，她宁可忍受无爱的孤独，也不要在扭曲的爱中与伤痛碰撞。

回到了上海，黄逸梵便着手准备离婚事宜，知道张廷重不会轻易答应离婚，她特地花了一笔钱请了个英国律师来打离婚官司。到了签字那天，张廷重果然大发雷霆，当着律师的面要赖，把协议书和笔掼在地上。他围着桌子一圈圈地乱转，垂死挣扎着咆哮着，此时此刻，伪装多时的冷静和疏默层层剥落。他控着两只拳头，那手里攥紧的是他对妻子的爱，一份得不到就想要拉着一起下地狱的沉痛的感情。

一份不被允许、也从来没有正确表达过的爱情。

英国律师好说歹说，再三劝解，终于把狂躁的张廷重逼回了桌子前，直面那张离婚协议书。张廷重拿起笔，犹豫片刻，他忽然立起身，竟然再次耍起了脾气。英国律师气得要挥拳打他，被家里的下人抱住了。张廷重透过憧憧的人影，乞求地望着黄逸梵，他希望她收回成命，他觉得下半辈子的时间还长，他有的是时间慢慢浸染她，同化她，他有钱，可以保证她足够的物质享受。

都说女人宠不得，哄不得，他贯彻这条定律相当彻底。他把爱忍得牙齿都摁酸了，他还是不能亲自说出口，他以为她懂，没料到她是真的不想要。

黄逸梵对着他微微一笑，从码头被接回家中起，她就一直在笑。

她弯腰将地上的笔捡起，递到张廷重面前，又笑着说道："我的心已经像一块木头了。"

五行中，水生木，泪水滋养了心里的苦楚，使它横生出难以逢春的枯木。

张廷重愣了很久很久，他低下头，望着日头的影子一点点溜过圆钝的脚尖。他恍惚记得律师刚来的时候，晨曦微露，现在，就那么一眨眼的时间，日晷的踪迹已经慢慢挪移到了西头。再一眨眼的功夫，他也终于和她走到了婚姻的尽头。

原来所谓的缘分，就是薄得如舞如烟，随风聚散，没有所向。

他大概是真的心死了，也许觉得再纠缠下去，只有难堪。

黄逸梵的坚决令他心灰意冷，他在这场婚姻中尝到了失败和耻辱。男性的尊严令他最终忍痛放手，他不要在丢了妻子的爱后再赔上自己的脸面。即使知道一拍两散后，从此，两个人大概真的是相见无由，没有任何交集了。

张廷重签上自己的名字，然后将椅子用力一推，头也不回地离开屋子。临走前，用力甩上房门，纷纷的灰尘震落，令原本昏黄的屋内更添一层冷魅。

黄逸梵满心欢喜地收起来之不易的离婚书，郑重地向英国律师道了谢。如水的夕阳在窗户上镀上了一层鎏金的辉芒，它看到了那些跳跃在光斑里的喜悦，满满都是自由的呐喊。

她自由了，终于自由了。

离开了描金画红的彩色锦屏，她是一只可以自由穿梭在人间的娇憨黄鹂。黄逸梵还未等喜悦完全自脸上褪去，就着手在高档的小区内找了一套单身公寓。公寓内的布置一如既往带着英伦特有的浪漫与精致，雨后天晴的墙壁和黑白相间的小块瓷砖，每一处都活色生香。

张爱玲喜欢黄逸梵新家的布置，得空就往母亲家里跑。

黄逸梵离婚时要求张廷重好好照顾两个孩子。张爱玲聪明，有着与年龄不相称的老成和智慧，黄逸梵相信她在家中不会吃亏。而张子静呢，黄逸梵觉得"虎毒尚且不食子"，张子静是张家唯一的血脉，张廷重无论如何也不会亏待这个"唯一"。

她这样想着，母亲的责任感自然日渐稀薄。她爱好自由，崇尚解脱，自认为不会是个尽责尽能的好母亲。她对孩子的爱，连她自己都把握不了。这样的爱，如同严寒中的一块炭火，不仅不能让孩子感到丝缕温暖，说不定还招人怨恨——如果没有这偶尔流露的温暖，就不会让人觉得严寒更加不可忍耐。

她知道自己并不招孩子们绝对的喜爱，她给他们的爱是罗曼蒂克，富有诗意的，可以装在漂亮的水晶框子里任意凭吊。但硬是要将之取出，暴露在现实的空气中，那么这份爱马上会褪色甚至腐朽成灰。张爱玲姐弟也知道母亲的爱像春天的柳絮，左一飘，右一摇，很快就扶云而上，与自由的青天白云混为一体，捉不住，逮不住。

他们都下意识觉得，与其两两相恨，不如隔海相望，最少不会招来彼此怨恨与愆责。

黄逸梵偶然也和张爱玲谈论张廷重婚后的生活，她在前夫背后，仍然会以亲昵的声气称呼他的昵称，叫的是英文名字，口吻带着她特有的软糯尾音。她对张爱玲解释："我跟你父亲离婚了，你不要恨你的父亲，其实他人长得不难看，他要是娶了别人，会感情很好的，就是……"

说到这里，突然打住，用一种脉脉的神态觑了窗外一眼，仿佛那里站着张廷重，而他的爱，像拂过窗稍的叶芽，总是翠生生的，不够鲜明亮丽。

其实那时候说什么都只是凭吊，是对过去的总结，是对前夫扭曲的爱的一种释怀后的理解，她还是懂得他的爱的，能不能接受自然是另外一码事了。

她的间接的肯定无疑是给了张廷重一个欣喜若狂的暗号，张廷重想不到会在柳暗的悬崖峭壁处还有一条通幽的花明曲径。

他仿佛是垂死的人忽然被有力的电流刺激了一下，高兴得整颗心脏都痉挛起来。他性急慌忙另外找了房子，是黄逸梵娘家住着的弄堂，以为来来去去时总有再见黄逸梵一面的机会。

而且他和小舅子黄定柱住在一起，总能多少打探到前妻的一点消息，更何况黄定柱还在竭力撮合他们再婚。这一切一切的蛛丝马迹，让张廷重产生了复合有望的错觉，原来他和黄逸梵之间还没有彻底生分呢。想到这层，连烟雾腾腾的卧室都突然有了圣洁祥和的光。

怀揣一份期心，张廷重在小弄堂里的日子倒也过得安定下来、也是为了拉近与黄逸梵的思想鸿沟，他居然也订阅了一些很时髦的新时代杂志《福星》，他经常收到汽车图片的广告，也换了两部新车。闲暇时带着一双儿女在黄逸梵的公寓楼前兜兜圈子，黄逸梵住的公寓楼有着明晃晃的瓦蓝窗户，张廷重故作不经意地抬头望去，鱼鳞似的玻璃鳞次栉比，折射的光晃得他头晕目眩。

他心里还是快乐无比的，总觉得妻子隔着薄薄的一层玻璃注视着自己，他愿意和她分享心中的喜悦与傲气。自从黄逸梵走后，他靠着自己的一点人脉和运气在金子交易所里赚到了一些钱。他大手笔地添置家当，无非要告诉前妻，他可以挣钱养家，他能靠自己的双手而不是祖产打天地。这不是痴心妄想，他奋发后还是能混得有模有样，他希望她能懂，明白他的良苦用心。除了不能折辱几十年来养成的骄傲，她要什么，他其实都愿意双手奉上。

也许世间的感情都是如此，你与他是两情依依的飘絮杨枝与穿花度柳的蝶蛾，两相缱绻时，相依相偎却不相投。一旦春光投影在浓遂的花影深处，蝶不恋柳，转身离去，所栖息的花影也曾有柳的迤艳、杨的厚重。那时，非花非雾，心情百转千回，徘徊处字字写成杨柳的唾絮深情，而那蝶子，也是枕在重重的花影里，一个无心的盹儿，便回到河边柳岸，只为那偶一的回顾。

飘忽不定，如风女子

柳絮总是多情，东风绾束不住，无根的身躯易将自己放逐于紫陌红尘中。

谁都像一朵柳絮，谁都是宇宙深处最轻微的尘埃。人生漂泊如浮萍，随着命运弯折勾勒的如峦的起伏轮廓，慢慢地消失在时间的尽头。而那跌宕的人生曲线，总能留给后来赏景的人一声唱叹，一个默然。

离婚后不久，黄逸梵便再次准备出国，她婉拒了小姑张茂渊陪同前往的好意。经过几年国外生活的锻炼，她已经能很好地在异国他乡照顾自己，有了很丰富的生活经验。这次，她期待开展一次完整的、独属的、完全自由的异国之旅。她那敏感的神经，忽然产生一种不可遏制的兴奋与企望，似乎命运正在蠢蠢欲动，迫不及待要向她揭开一段新奇的人生之旅。

黄逸梵愿意独自一人坦然接受命运安排，不管一语成谶的未来覆盖着怎样神秘的未知。她想，她就要去做，如风的女子，常常也怀有风云莫测的心思。

黄逸梵动身去国外那天，张茂渊领着张爱玲姐弟俩一起去码头送别。黄定柱一大家子人也跟着去了，还带着忠心耿耿的男仆云志。

黄逸梵照例不信任张廷重的教育方式，她半开玩笑地认真嘱托云志多照看两个孩子的生活。与张廷重的夫妻之分虽然断了，但与儿女的情分是打断骨头连着筋的。

况且云志时时替她提点着张廷重，就等于是自己亲身降临，在张廷重耳边絮絮言言，张廷重也会不时想起她的好处。

她从内心里得意拥有前夫的爱，那是女性本能的虚荣，不一定要鸾凤和鸣，此呼彼应。在她没有找到另一份容光的爱前，她还是不舍得甩掉停留在掌心的一星半点暖意的。

一大家子人铁桶一样包围着黄逸梵，几乎围得针插不进，临别的话语涌到嘴里都化成唇角刻意营造的笑影，有人惆怅，有人不舍。孩子是不懂事的，他们在轮船甲板上花花绿绿的凉伞间追逐嬉笑，有时候也会有偶然的一丝怅惘划过心头。张爱玲抬眼看向被包围在人群中的母亲——黄逸梵，她的内心这时已经懂得了离别的含义，也知道了离别其实是件值得悲伤的事情。但是她并没有掐算出她和黄逸梵最后的命运谢幕，是老死不相往来的生离死别。

大家热情地拥着黄逸梵，自觉成为固若金汤的隔离器，那样令他们感到安全。也许每个人心中的黄逸梵的羽翼太过于丰满硕大，伸展的弧度遮天蔽日，容易像传说中的神物鲲鹏一眨眼间就能驰骋千里，比风还要自由与迅捷。他们不将她裹得紧一点，她只需一个眨眼，就能携着光辉冲向天宇，把他们甩落后一个天涯的距离。

在船上的餐厅用完了午饭，黄逸梵领着他们参观过自己即将要度过一些时日的船舱——华丽的头等舱，有着柔软雪白的枕头和一尘不染的床单。夜深人静时，还能有轻柔的波浪摇晃着沉入梦乡。

　　大家终于放心了，趁着离开船还有一段时间，一起坐在甲板上红白条大纹的伞下，点了桔子水边喝边聊。

　　该走的人总是留不住，何况世界上有谁能留住风的脚步？

　　送走了黄逸梵的张爱玲和张子静跟着家人回到父亲家中，他们惊奇地发现，张廷重的生活又回到了从前的泥潭子里去了。不，是比泥潭子更沉闷、更沉黯的生活，起居室里的烟枪总跳动着点燃后的星火，鸦片的气味鬼魅般直往人的鼻子里钻，一头牵着人的心脏，一头牵着恶梦一样浑噩的日子。

　　唯一值得庆幸的地方是，张廷重的脾气变好了不少。他很少发火，对张爱玲姐弟的态度温柔且和善。他常常呆呆地打量着张子静，过分沉默的儿子怯懦懦地看着他。脸上流露出来与年龄不相匹配的胆小、羞怯，但是他的眉眼耳鼻无一处不像前妻黄逸梵。一样深刻的五官，黝黑的大眼睛藏在厚帘子似的睫毛下，就这样相似的形貌已经能勾起他心底的回忆，不甚愉悦的，至少可亲。透过亲情的薄纱，上面绘着的单调花纹互相交织，至少还是有孩子这条纽带联系着，这样就够了吧。要求得再多，他怕又引出心底无端地怨恚，到时候就真的连这点念想也要彻底失去了。

　　忖度完儿子，他又将目光投射在女儿张爱玲身上，那又是迥然的风情了。张爱玲算不上美丽，但是举手投足间高贵沉郁的气质与黄逸梵如出一辙。她用力在生命的底子上刻画出与母亲一样的心路，淡淡的履痕，有着风一样细腻的纹理，扫过的地方，不过是留下来过的踪迹，本身是捉摸不定的，可以给你清凉，也可以让你彻骨刺冷。

　　张廷重感到心满意足，他的儿子和女儿复刻了妻子的所有，这是他在世上最得意的创造，尽管这得意犹如曝于阳光下的冰雪，嘶嘶嘶地就会慢慢融化掉了。

他又渐渐不再快乐，张爱玲发现他"又整天在房子里踱来踱去转着圈子，像笼子里的走兽，一面不断地背书，滔滔汩汩一泻千里，背到末了大声吟诵起来，末字拖得极长，殿以常常的叹息，中气极足"。

只要是念过古书文的人都知道这么一长段的诵吟是极其耗费精力的。

张爱玲莫名其妙心痛起他来。

心痛只是人与人之间感情交往的衍生品，它能产生的前提是两个人互相靠近，至少曾经竭力想要依偎一起。肩靠着肩头挨着头，双手紧紧交握，掌心的温度管它能不能够温暖彼此，只是此刻必须在一起，用来抵御世界无穷无极，连绵不息的孤绝。

这样的孤寂感，远在海外的黄逸梵是没有的，她的生活精彩绝伦，她根本来不及感到寂寞。因为这新奇的世界总能很好地替她驱赶掉快要涌上心岸的寂寞，她只要痛痛快快地追逐猎奇就行了，行动如风，来也匆匆，去也无痕。

到了英国不久后，黄逸梵便动身前往神秘的古老国度——埃及。

矗立在千年黄沙中的建筑明珠金字塔，敦实厚重，金黄的沙子绵延出亘古悠远的沙漠驼铃。黄逸梵入乡随俗，一身埃及女性的打扮，身裹长长的黑色衣袍，从颈子到脚背都被包得严严实实，宽大的袍身在袖口处更是突兀地拓展出翼翅一样的弧度，上面还绣着神秘的语言字迹。

她跟着导游横穿了一小段沙漠，沙子像恋人热情的唇啄吻脚背，小小金莲叫滚烫的沙子烫出了小水泡，她并不害怕，反而产生无比的勇气和欣喜。这是第一次如此近距离接触完全不一样的土地，黄逸梵激动狂喜，像无数虔诚的朝圣者那样几乎要跪拜这片金黄的沙漠。

后来她托人给张爱玲带回去两幅埃及剪布画，"米色粗布上，缝钉上橙红的人牵着骆驼，远处有三座褪色的老蓝布金字塔，品字似悬在半空中。"

黄逸梵去信告诉女儿得意的小发现，"她刚在古代历史上发现了苗条的古埃及人，奇怪他们的面形身段有东方美——都是一样的大扁脸。"

此后不久，她便辗转奔波来到了富庶强盛的美国。

第二次世界大战时期，亚欧大陆都被卷进暴虐的战火中，唯有中立的美洲大陆还保持着祥和平宁。延绵的农田里黑人农民欢快地劳作着，金发碧眼的美国少女都有着和面貌一样热情的内心，宁静的小村，开阔的大道，悠闲的马车，庄园里的物产丰富地像个大调色盘。就连繁华的洛杉矶和首都华盛顿，也处处洋溢着盛世豪情，完全不同于英伦略带忧郁的气质，美国的任何一处地方有种大开大阖的丰腴之美。

这是黄逸梵内心激赏的国度，她留恋在自由女神像下，致以崇敬的问候；留恋在洛杉矶大桥上，看日落时分醉人心魂的绚烂；留恋在白宫前的绿色草坪，脚尖擦过清新的柔嫩。

她充分享受这难得的时光，远离烦扰，更没有战争带来的苦恼。这个国度的人拥有让全世界的人都羡慕的安定生活，幸福得不似人间，像是圣经里描绘的圣洁天堂。

　　而就在这个人间天堂中，黄逸梵毫无防备、心无旁骛地一头与宿命中的重要人物迎头撞上。

　　爱情，浪漫得像一张伸展的网，层层的网格套牢密密麻麻的心事，浸泡在婚姻的苦水里太久太长。这些心思有被腐蚀的倾向，已经模糊了原本美丽的面目，空荡荡的悬在网子的边缘，只等着被残忍的岁月彻底风化。

　　然而缘分真是个其妙的东西，《倾城之恋》中整座城市的陷落只为成全白流苏与范柳原的爱；《沉香屑·第一炉香》中的薇龙去香港不是为了求得学位，而是为了与乔奇相遇；《色戒》里的王佳芝临阵倒戈，献出生命是为了回报易先生偶然流露的柔情……

　　谁能掐算爱情的行踪轨迹，你有心候在古旧的车站等它到来，等到山穷水尽，等来的只是列车晚点的消息。爱情不肯如约而至，有心要替人间制造惊喜，来得突兀，来得激烈。它只负责拉开精彩缠绵的序幕，至于人走茶凉的结局，那只是跌落在泪水里的箴语。如果你肯接受爱情的甜蜜的馈赠，就得学会在失去爱情后的黯然中勇敢生存。

　　他们的相逢是没有预告的，就在黄逸梵驻足于一家手工制作皮件的作坊前开演了。

　　黄逸梵被叮叮咚咚的敲击声吸引，她看到一个年轻的美国男子低着头，全神贯注地制作手里的皮具。那双手好看极了，骨节分明，食指修长，白皙的皮肤上覆着一层柔软多情的绒毛，在霞光映照下放射出镀金的细芒。

岁月静好得像调了蜜，黏糊糊地不肯向前再流淌过去。小伙子这时抬头冲黄逸梵笑了笑，引得四溢的阳光细微微地颤抖起来。他的笑容以夕阳作为背景，装饰在风尘仆仆的尘世中，美得格外让人心悸。

她怔了怔神，脸终于红了起来，低下头装作认真打量他手里皮具的样子。那戎马倥偬的心思，不是写在脸上，就是写在了心里。

他们就这样相爱了，没有道理的互相吸引，只知道隔了千山万水到来的彼此，是终于要在这异国他乡的土地上热烈重逢的。

遇见是首歌，高亢嘹亮又过分狂喜，他们都疑心是在梦中。春潮里的花信还未完全落去，夏日的阳光也还在当空释放热情的光芒，然而丰收的秋天就在纯净的没有渣滓的蓝天划过痕迹，一切都干净纯美得像是最好的安排。

黄逸梵喜欢维基斯抽烟的姿势，觉得有种特别经得起推敲的率性与顶真。当他抽完一根烟立起身去制作精美的皮具时，那陷落的沙发褶皱里藏着的都是深情与眷恋。

她突然陷入恋爱的狂喜中，这次与刘锴的不一样了。和刘锴在一起，开心是开心的，不过总有顾忌，她要为他的前途着想，他也不预备为了和她在一起牺牲掉自己的所有。从一开始，她就怀着"出师未捷身先死"的心态来谈恋爱的，因为预知不好的结果，所以后来的回忆总蒙着哀伤的色调。

和维基斯在一起，痛快得像是洗了个热水澡，她可以毫无戒心地投入，左右前后都是爱，仿佛后来这么长时间的爱都集中在一起，积攒得饱饱满满开在她心里。

她为了维基斯心甘情愿付出一切，像所有热恋中的女人那样，一路追随爱情的脚步，一步不肯滞后。

维基斯是做皮具生意的，黄逸梵知道他开了个小作坊，资金窘迫，不能很灵活地周转。她也是喜欢设计和创新的，男友的设计理念又总是和她的不谋而合，她在欣逢爱人之余，又觉得遇到了难得的志趣相投者。黄逸梵毫不犹豫变卖了一箱古董，拿着不菲的资金和男友来到马来西亚考察皮货。

两个人有心要在皮具的高端市场打开销路，考察勘验的都是高档的皮料。鳄鱼皮通常都与高贵两字挂钩，每张鳄鱼皮的纹理、光位、质感都是独一无二的，因此价格不菲，也深受上流贵妇人的偏爱。鸵鸟皮制作的手袋也是当时风靡一时的，皮质上突出的小颗粒不规则地排列各种图案，既美丽又悦目，售价昂贵，是身份与地位的象征。还要花纹异常艳丽的蟒蛇皮，光滑的鳞片排列出神秘复杂的花纹，奢靡中有着野性的美，也是爱出风头的女士的必备品。

黄逸梵与维基斯在马来西亚艰苦创业，从原本对皮具一窍不通，到后来闭着眼睛摸上一摸就能说出皮质好坏，这其中付出了多少时间与心血。若非与心爱的人共同奔波，一个荏弱的女子是无论如何也扛不过这样的辛苦。

她和男友到底经历了什么，在一起到底怎样努力创业，在马来西亚的这么多日子，她并没有留下明确的记录。

就连张子静的回忆录对母亲黄逸梵在马来西亚的那段生活

也只是模糊地带过。

我们无从查证那些细枝末节的发展，只知道他们生活的大体轮廓，也幸亏有了这样的只言片语，那段幸福而艰辛的时光没有被湮没在历史的辰光中。

如风的女子需要这样的神秘来装点后人的传说，它无孔不入幽幽地溜进我们的目光里，行踪无定，不动声色，只有微微挑起的波澜默默证明，她曾真实地来过。

天涯望不断海角

天涯与海角的距离，隔着一个中原，隔着蔚蓝色的海洋，隔着一个无垠的时空，隔着无始无终的思念。

张袂成帷的天涯，精彩得每时每刻都有着喧哗的丝竹，披红挂绿的笑语，一笔一笔绘就了黄逸梵的幸福。她的幸福像当空的烈日，炙手可热，烫着了手掌取暖了心，那是经历感情寒冬的人怎样都不愿意放弃的。

这头的海角已经冰封了几个世纪，料峭峻寒，冰面下的水还会淌动，也在不断地扑打厚厚的冰层，试图冲破永冻的封锁。水流竭尽全力地挣脱，嘶吼的声音如同受伤的小兽，它在呐喊，在呻吟，哀怨的呼声转眼被冰冷的风冻凝于冰面。

多么可惜的隔阂，天涯永远听不到海角的叹息，海角也望不穿天涯的距离。

与黄逸梵的婚姻结束后，张廷重经历了悲喜两重天的心情，他从复婚的希望变成前妻去留洋的失望，又从失望跌至她另觅男友的绝望。他知道和黄逸梵复婚的事再无可能，那心也就像霜打后的茄子，一日蔫过一日，到了后来就剩下黑色的没有生机的蒂子。

黄逸梵走后，张廷重因为做了把投机的生意，时运还算不错，总算赚了一点钱，填补了一向抽大烟的亏空。有钱能使鬼推磨，他也居然成为"亲戚间难得的择偶对象"。

本来只是暗地里说说而已，谁都不知道张廷重到底对二婚有着什么打算，不敢太过明目张胆去张罗。但是张廷重却像突然清醒过来，居然对再婚的事情产生空前的兴趣，言语之间无不欣然接受，也走马灯似的接触了不少相亲对象。这样一来二去后，孙宝琦的第七个女儿孙用藩进入了他的视野。

这位后来被张爱玲深恶痛绝的女人，来头着实不小，论家世门第，比起显赫一时的宰府后人遑论不让。

孙宝琦曾历任山东巡抚、北京政府国务总理，一生娶了五个老婆，子女共二十四人。晚年因权势旁落，所以热衷用结亲的方式笼络权贵后裔，希冀有朝一日能够东山再起。

张廷重之所以能够被挑选为孙府的快婿，一方面是因为他曾在孙用藩的哥哥孙景阳手下做过英语助理，每日的工作就是和英美的银行打交道，后来别人看他身家还不错，就替他留意了孙用藩，牵线做媒玉成婚事。另一方面，张廷重能娶到孙用藩其实也是拣了个便宜，原来孙用藩年轻时曾和远方表亲有过私情，后来私奔不成就一直被软禁于孙府，因为心情苦闷，未出阁的大闺女染上了很严重的阿芙蓉癖（一种抽大烟的病）。这样的名声流传在外，大户人家自然不愿意娶她回去，就怕落人笑柄，小门小户点的又供不起她泼天的烟瘾。长久耽搁下来，孙用藩三十六岁仍云英未嫁，本来都打算孤老终身了，意想不到的是，她的姻缘居然与张廷重划出了两道交叉线条。

当小姑张茂渊把张廷重即将再婚的消息告诉给张爱玲时，张爱玲觉得天都要塌下来了，伏在阳台栏杆上泪流不止。感觉孤苦无依的自己像是站在一个四边没有任何遮拦的阳台上，惶恐且无助，有种大厦将颓的末日感。她甚至恶毒地想把那个叫孙用藩的女人推下阳台，从此一了百了，也算是替黄逸梵报了前夫不够忠贞的罪过。

后母的形象着实不够唯美，张爱玲在热闹的婚礼上看到了陌生的孙用藩。在她眼里，这个女人从头到尾没有一点可以和母亲黄逸梵相提并论的地方。她嫌孙用藩衣着不够时髦，身上总是裹着一袭暗色的旗袍，腰身倒是细的，这样更显的两个胯骨岩石般的突兀。而且她"头发全往后，梳个低而扁的髻，长方脸，在阳光中异常苍白，长而方的大眼睛"，是个毫无特色的妇人形象，没有一点可取之处，举手投足间藏着隐晦的刻毒。

她还嫌孙用藩过于老练成熟，闹洞房都没有好生闹。"新娘子太老了，而且老气横秋敬糖敬瓜子，一点意思也没有。"

这点又与黄逸梵天壤之别。黄逸梵是外秀内刚的人，与人说话、做事都会未言先羞，低下头，嘴角眼稍常常含羞带怯，默默生情，让人忍不住亲近她，呵护她，怕多呼一口气都能融化了她。

张爱玲把这样的对比时时记在心上，没事都要在心里将黄逸梵的好处过上几遍。黄逸梵那方天地是平和的喜悦，蓝天白云，格外动人的，张廷重这里则是乌烟瘴气。有了在大烟上志同道合的妻子，他的堕落分外显眼，不仅对孙用藩礼敬有加，就连家庭管理大权也全权奉上，一点都没有男主人该有的派头。

　　孙用藩想着，"婚后还跟前妻娘家做近邻，出出进进不免被评头论足的，有点不成体统"，随即迁入张廷重表兄名下的一栋别墅。这栋别墅位于麦德赫司脱路和麦根路的转角上，与苏州河比肩，大而奢华，装修得富丽堂皇，只是因为地段不好，所以房租不算贵。夫妻两人抽烟时最怕被人叨扰，这下正好能关起门来大过烟瘾。欧洲风格的别墅里充斥着腐烂的鸦片味，是偏安一隅的小朝廷格局。张爱玲不喜欢这里的氛围和味道，她说："这屋子里的一切有太阳的地方使人昏昏欲睡，没有太阳的地方是青黑色的芯子。"

　　张爱玲平时都住圣玛利亚女校，周末回家住时，不得不打起精神敷衍继母孙用藩。黄逸梵知道张廷重再婚后就写了信告诫张爱玲，叫她不要拂逆父亲张廷重的意思，要知道察言观色，保护自己。

　　都说知儿莫若母，黄逸梵太了解女儿张爱玲，同样冷眉细眼的面具下藏着铁骨铮铮的内心，不知道屈就也从不懂得什么叫收敛。这样的性格其实是吃亏的料，很容易让心脏不时冒出的尖刺在刺伤别人的时候扎疼了自己。

　　黄逸梵叮咛再三，她有一百个不放心，这是她唯一的女儿，纵然远隔千山万水，血液里浓于水的亲情会不时探出头来展现柔情。

　　张爱玲这时候还是个听话的孩子，为了能使黄逸梵在大洋彼岸安心生活，她不得已收起满心的尖刺，努力和孙用藩搞好关系，只不过两人日常见面都是礼貌地虚应，和该有的亲情毫不搭界。她用来练笔的小文《后母的心》被孙用藩看见后，大获赞赏，张爱玲将后母的为难之处描摹得栩栩如生，字里行间的理解直指孙用藩的灵魂。孙用藩几乎要以为这个沉默寡言、脸色清冷的继女是她在这个世间少有的知己了，为了表示对张爱玲的怜惜，孙用藩把自己穿剩下来的衣服送给她，用高高在上、施舍的语气掩饰心底闪过的心虚。她觉得这样做没有亏待张爱玲，反正穿什么都是穿，何况她孙用藩用过的东西，穿过的衣服怎么会是些坏东西呢。

就这样，张爱玲常年穿着继母孙用藩的旧衣服，其中一件碎牛肉色的薄棉袍带给她的屈辱感最深："就像是浑身都生了冻疮，冬天已经过去了，还留着冻疮的疤。"

在极度的容忍和默默的屈辱中，张爱玲更加沉默了，周末时间也不愿意待在家里，她不是去亲戚家的表姐妹那儿，就是在小姑张茂渊处静坐一日。

在表哥表姐家，她最喜欢做手工和剪纸，在书桌前绘制卡片常常入了神，忘记吃饭，她做得那么认真和精致，其实她原本不擅长这些手工制作的，只不过要寄给远方的黄逸梵，因此下了很大的苦功。她知道母亲黄逸梵凡事力求完美，处处要求白璧无瑕。对待母亲，这时候的张爱玲还是怀着万分虔诚真挚的态度的。

那些时光，悒郁把日子填充成灰褐色，少有的亮点就是和黄逸梵互相通信问候。可是黄逸梵的信也来得断断续续，她忙着和男友维基斯在马来西亚开创新世纪。手里的珠宝卖掉了一箱仍填不满做生意的沟壑，做奢侈品的前期投入实在太大，她渐渐感到吃紧。在经济方面捉襟见肘，不得已时，黄逸梵发挥自身深厚的艺术功力，亲自操刀上阵设计皮具草图，她的设计能力不同凡响，后人从她的图样中能看出闪烁着绝对美感的艺术智慧和灵光，这些独树一帜的皮具样式用现代人的眼光来看，也是万分新潮的。

只不过当时的马来西亚身处二战的泥淖里朝不保夕，底层民众连吃饱饭都成问题，更遑论买这些精美却无用的皮具。而上层贵族虽然追究奢侈，但是黄逸梵自创的品牌默默无闻，在市场上没有品牌基础，所以他们的皮具尽管用料考究，式样也精美，皮具店却门可罗雀，满屋子的商品几乎无人问津。

黄逸梵到这时难免有些心灰意冷，不免产生鸣金收鼓的想法，可是男友维基斯却始终保持做皮具生意的热情，闲暇时也常常向黄逸梵描述心里未来的宏图。他一心要把皮具生意做大做好，黄逸梵爱屋及乌，自然要在生意场上"誓死追随"了。

白日里她陪着维基斯到处寻觅价廉物美的皮具料子，往往为了一块好的蟒蛇皮差点和商贩们磨破了嘴皮子。讨价还价自然不是她的专长，她常常没说两句就败下阵来，有些手足无措地看着身旁的男友维基斯，脸上抹上抱歉的笑意，不是娇羞也成了三分涩赧。

黄逸梵不善与人争价，男友维基斯却十分精于此道，作为男人，他挑起皮料来有着和性别不匹配的耐心与认真。他讲价钱时的态度也诚恳中带着点霸道，说话声音温和，让人不能不注意到这个人迷人的个性魅力。

也许黄逸梵会在暮年后的无数个黄昏中，经常一个人坐在靠窗的摇椅里，静静回想两人经历的这些事。在她的记忆中，维基斯和商贩还价的模样相当的执着，执着的眼和执着的心，所有的精力都放在身前凌乱的蛇皮上，然后又是货物成交时他狂喜的表情。这些全都氤氲在云遮雾缠的记忆深处，昏黄的色调使这样的记忆陈旧发粘，像门上贴着的旧年画历，色彩已经十分模糊，但那也是岁月存在过的泛黄证明。

她的生活从来没有如此欣喜过，就像久旱的枯枝遇到了从天而降的甘霖。起先无论如何都不敢置信这份幸运会意外降临到自己头上，等到了醒悟过来时，那阵及时雨已然云消雨散。只有枝叶上晶莹欲滴的水珠子满地打滚，溅落在地的清凉被很好地贮存于根枝深处，在以后无雨的日子，被不停地拿出来摩挲、品味。

黄逸梵将收集到的蟒蛇皮全部托运回上海，马来西亚的时局比内地还坏，内地纵然战火连绵，但是孤岛上海却成了内地唯一一块算得上是太平的地方。整箱的蛇皮被送到小姑张茂渊的小公寓里，张茂渊打开箱子，看着一块块蛇皮，心里彻底发怵发愁。蟒蛇皮矜贵娇嫩，上海又潮湿多雨，不过几个月功夫，那些蛇皮上竟然长出霉绿斑点，并且这霉斑大有愈演愈烈的势态。

张茂渊愁了许久，最后还是张爱玲提出趁着艳阳高照的晴天，把蛇皮摊在阳台上好好晒晒，驱驱霉气。姑侄在阳台上愉快地劳动，小心翼翼翻动蛇皮，确保每个角落都能接受到阳光的照射。这些蛇皮承载着黄逸梵自食其力的梦想，她又如此郑重其事地将这个任务托付给她们，张爱玲觉得自己有必要助母亲一臂之力，她在所有和黄逸梵有关的事上总是不肯掉以轻心的。

给黄逸梵写信是愉快又痛苦的经历，黄逸梵对张爱玲的要求相当严格，张爱玲写信必须是全英文的，信纸要素洁，不能太过于花里胡哨，纸面也必须整洁不能有墨痕。

张爱玲伏在书桌前吭吭哧哧写着全英文的回信，她希望黄逸梵的来信越长越好，而自己的回信却越来越短，想不出什么话

来，写来写去永远是那么两句："在用心学习……又要放假了
……"

她怕黄逸梵挑剔自己的语法，说什么都招来严母式的教育，
黄逸梵并不见得真要对她事事苛责。一个女人不管自己的生活
如何成功或者失败，一旦生儿育女后，她的第一标签是母亲，
然后才是其他。黄逸梵当然爱着唯一的女儿张爱玲，这是母性
的本能，不容置喙，只是有些人天生不擅长表达自己的爱，容
易把爱演变成恨铁不成钢或者挑三拣四的刻薄模样。她们自己
也不知道这样做已经超出了儿女承受的范围，让一厢情愿的爱
不经意间变成心灰意冷的恨，并且贯彻终生，至死不休。

所以说，有多少爱都败在了长久的分离，心情何时何地都
会发生改变。天上的月再皎洁也要周而复始的阴晴圆缺，人间
的情，也会在岁月的更替中慢慢改变了最初的容颜。

如果可以，我们一定要抓住眼前的爱人和幸福，它们最经
不起时间和空间的淬炼，一不小心，就会化成天空的商参两星，
两两相望，永不相拥。

情义如丝，抽之即乱

友谊的堤坝是从什么时候颓废欲塌的呢？或者是才筑成的
那一刻起，现实中的风浪开始无情的冲刷坝体，轰隆轰隆千军
万马的白浪花冲过来，退开去，冲过来，退开去，循环往复，
以时间为锤，以排山倒海席卷一切的力量为手，一下一下穿凿
坚固的岩石。森严壁垒敌不过抵死摧折，岩石上裂开了一条触
目惊心的缝，然后又是一条，渐渐变成无数条，每条裂缝都可

能成为堤坝毁于一旦的关键，裂痕一旦产生，无论想尽多少办法去弥合，总会留下不能掩饰的伤痕。

黄逸梵和张茂渊的友情危机，开始于一场无端飞来的官司。说是无端，其实也是当初和二哥张志潜匆匆分家遗留下来的不公有关。

原来张佩纶在续娶李菊耦前曾经娶过亲，并与早逝的前妻生下儿子张志潜，李菊耦过门后将继子张志潜当亲生的看待，衣食住行无不亲自过目关心。她这样做固然是因为心地善良，怜悯张志潜幼年丧母，少年丧父，命运坎坷，颇为不幸，同时也唯恐被人诟病，落下虐待继子的坏名声。

李菊耦生前竭力做到一碗水端平，亲生的儿子与继子一样疼爱怜惜，临终前也没有明确给弟兄俩析清家财。分好家产。李菊耦去世后，张志潜以张廷重年幼不能理家为由，替他保管财物，直到张廷重与黄逸梵结婚后才匆匆分了家财，虽然田地、房屋、珠宝、古董都做了还算公允的分割，但是李菊耦带来的一批名贵画作，却没有及时分掉。

张廷重娶了孙用藩后，两人严重的阿芙蓉癖使得日子越过越捉襟见肘。一大家子处处都需要花销，每天花出去的多进账的少，张廷重只恨留下的遗产不够用，做事愈加缩手缩脚。

张廷重对花钱怀着严重的恐惧心态，他只肯竭力在儿女身上缩减钱流，控制一切需要的开销，对待自己和孙用藩却依旧阔绰大方。两人没事就缩在烟塌上吞云吐雾，万贯家产顷刻间化成蔼蔼袅袅的青烟。

张廷重也曾和人一起投资开了钱庄。一开始他还颇像个老板的样子，每周都去盘查生意，询问营业状况。渐渐地他就只以电话联络，很少再踏足钱庄，并且从大家投入的股金中随意支取，以至于到最后支完了股本，变成了"空头股权人"。这以后不久，钱庄就维持不下去了，没多长时间便惨淡收尾。

张廷重既守不住金山银山的家业，又开拓不了钱财的疆土，两面夹击，生活日益困窘，露出山穷水尽的光景。

他把目光投向张志潜手里没有分掉的古画，怕一个人打官司力有不及，便联合了张茂渊一起讨要古画。张茂渊本来不想趟这样的浑水，谁知她惹上了一场钱财官司。为了填补官司这个无底洞，暗自拿出黄逸梵寄存的一大笔法币炒期货、炒黄金、炒外币，最后全都血本无归。她眼下被钱逼得焦头烂额，无法可想，真有一文钱逼死巾帼女英雄的感喟。

张廷重此时建议把古画均分的想法正解了她的燃眉之急，张茂渊为此来回奔波，帮着张廷重到处找可靠的律师。没曾料到，原本这场官司已经打出了些眉目，张廷重却在关键时刻临阵倒戈。私下里和张志潜达成分钱协议，张茂渊吃了个哑巴亏，气得发誓从此不再和张廷重来往，声称"再也不喜欢张家的一切"。

张茂渊抱怨归抱怨，眼前亏空的烂摊子她还是得义不容辞地收拾妥当。这个坚强美丽的女人当即修书一封告知黄逸梵实情，为了能尽快弥补黄逸梵的损失。她放弃优渥的贵族生活，抛头露面去外国人开的洋行工作。

可以想象，当黄逸梵收到这封信时，是多么的晴天霹雳，她将大部分身家财产托付给了最信任的人，到最后却落了个钱财空空的结局。

信任原本是种无条件的依赖，全身心地交托，没有隔膜的亲近。人与人之间往往隔着的不是身份地位，也不是财富象征，而是心与心的距离。那是不可逾越的鸿沟，总会不经意得垒高层层心墙，把别人的好意高高地阻挡于外。

人心一旦相知相交，那份信任足以超越，所有感天动地。而最信任的人如果做出出格的事，其杀伤力比陌生人加诸于身上的伤害来得更加触目惊心。

黄逸梵的信任就这样被辜负了，她感到不可理解，那种飞来横祸的感觉，让原本就因做生意而拮据的生活更加密布愁云。她不是个小气的人，如果张茂渊在动用她的财物前能打声招呼，她或许就不会那么难过生气。被至亲之人背叛的感受着实难受，像把刀子照着胸口狠狠就是一刀，戳下去一个大窟窿，汩汩地流着血，偏生还不能彻底发作，只有打落牙齿和着血一起往肚子里吞，哽得自己都受不了，仍怕被人看到，引来明嘲暗讽的同情。

黄逸梵揽信后的第二天就匆忙打理行装准备回国，男友维基斯不放心她一人回去，坚持要跟着一起走。黄逸梵稍加犹豫，便带了男友一起踏上回国的路程。

她原本是想借着男友的安慰驱除心底的郁结，一个人走在回程的路上，光是那乱麻一样的心情就足够逼疯人的。等到了上海才知道自己的想法有多幼稚，失去一大笔钱的黄逸梵连租个像样的小公寓都办不到。她和男友困在小弄堂阴暗的二层小阁楼里，手脚施展不开，心情也日复一日低落。想做生意，却没有本钱，坐吃山空的恐惧感密密匝匝压在心头，逼得人喘口气都可以掉下一滴眼泪来。

这样苦苦捱了一段时日后，黄逸梵决心让男友维基斯先行回马来西亚。一个人坐困愁城总比两个人受煎熬得好，她不舍得男友跟着她一起吃这个莫名奇妙的苦头，更不愿意将窘蹙的面貌暴露于男友面前。

在临走前，维基斯往她的提包里塞了身上仅有的两百元美金。黄逸梵捏着薄薄两张纸币，心情百转千回，只觉一点柔肠将断似断，那眼泪流到了心里，便苦到了极致，反而说不出什么郑重其事的话语来。

"执手相看泪眼，竟无语凝噎，"欢乐的日子转头演奏了离别的哀音。人在物在风光在，却尽数折损于身不由己的别离中，此情此景怎能不让人扼腕叹息，叹一声天意弄人。

黄逸梵不胜离殇，一个人孤独难耐，张茂渊从她回来的那刻起，就不断邀请她搬到自己住的公寓来。在男友离开之前，黄逸梵是决不肯点头答应的，一是不愿意与维基斯分居两处，白白又在烦恼上添了一层相思；二是又在心里恼怒张茂渊的不告而取，使她一下子从宽绰的生活跌入困境中，以至于和维基斯劳燕分飞，不得不分开一段时间，相思两地。

张茂渊知道自己理亏在先，维基斯走后，就三番两次亲自登门邀请，好话歹话说了一箩筐，终于让黄逸梵答应搬来同住。张茂渊得到这样的答复，心里是又喜又悲的，喜得是黄逸梵肯给她一个将功赎罪的机会，悲的是曾经无话不说、亲密无间的两个人最后还是败在了金钱面前。

黄逸梵搬到张茂渊的小公寓后，心情没有得到有效纾缓。张茂渊白天要上班，晚上又常常留在办公室加班。黄逸梵郁闷难耐，有一次拉着女儿张爱玲的手抱怨道：

你知道我没回来的时候，你三姑做投机，把我的钱全都用掉了，也是为了救你的表大爷，所以买空卖空越做越大，这时候找了个七八十块钱一个月的事，就这样巴结，笑话不笑话？

她还有其他的一些计较：

你三姑那时候十五岁，一天到晚跑来找坐着不走，你父亲恨死了！后来分了家出去，分家的时候说是老太太从前的首饰都给了女儿吧，你三姑也就拿了，还有一包金叶子，她也要，你父亲反正向来就是这样，就说给了她吧，那时候说她小，还不懂事，你说她是真的不懂事吗？

男友维基斯回去后，黄逸梵日思夜想，茶饭不思，想起男友的好就更凸显了如今境遇的荒凉，言语间便有了不痛快的较量，幽愤的情绪一开了闸，便一泻千里，挡都挡不住：

也是为了现在法币要保值，所以临走的时候托了她，随时看着办，问我来不及了，由她代管，哪想到会有这种事，维基斯听了气死了，说这简直是偷！

她猛地一探脖子，像只翠鸟伸长了蛇一样的颈项，向空中啄了一下。

她抱怨：

把人连根铲除，就是这点命根子，哎哟，我替她想着将来临死的时候想到这件事，自己心里怎么过得去？

她自怜自艾：

朋友总和我说，我应当有人照顾着，不要太不为自己着想了，留着自己的钱，不要做傻子！

那也是为了胸腔子里一口不平的怨气，想要说出去又怕折损了彼此的颜面，憋在心里又万般委屈。她和张爱玲絮絮叨叨说了这么多些，倾诉的时候心中哪里又有半分宣泄后的痛快？本来不是刻意在背后诋毁什么，只是难以抵抗心中的怨恨，想什么就说什么。她向来是个真性情真自我的人，尤其事到临头，毫不懂得矫揉造作，伪饰太平。所以痛苦与快乐之于她，都是双倍呈现，痛也痛得格外肝肠寸断，怨也怨得分外冷心无情。

这样的人，只有找同样真情真性的人才可以携手一生，张茂渊算是她一生难得的知己。只可惜，同性的友谊也是缘浅情深，过于敝帚自珍的人到最后几乎很难全身而退。

黄逸梵的日子几乎是掰着手指硬捱下去的，翻开桌上的日历，每张撕去的纸页都写满了空空洞洞的寂寞，没了金钱傍身的她，处处能感受到没钱带给她的难堪，寸步难行，步履维艰。

有一次，她经过霞飞路一家装饰得流光溢彩的服装店前，橱窗里的模特身上穿着当时最流行的衣服式样，层层叠叠的白纱在灯光的映照下显得格外高贵圣洁，她不禁驻足在窗前望了许久。等回过神来，自己都忍不住嘲笑如今的生活，身上的衣着竟已不复昔日的新潮时髦，连橱窗里的木头人儿都看起来比她过得滋润快活。

她在极度苦闷中再次拣起拿手的手工技艺，找了件过时不穿的旧衣服，拆开衣料，亲自在缝纫机上踏出一件粉红洋绉纱的短袖洋装，胸前耷着几颗小珍珠，冷冷地坠下，行动时特别俏丽活泼。

她努力自给自足地寻找快乐，白天，她可以用忙碌填塞每一寸惆怅的空间，到了晚上，她一个人待在房间里，想说话却无人回应。抬头自公寓大楼的落地窗望出去，那月亮是天空抠出的一个惨白的窟窿，人家看起来或许觉得它皎洁、明亮，如玉似盘，在她心里，再好的月色也总带着一抹幽怨的光，冷冷清清的，不像万家灯火那样温馨和暖。

她愁，她怨，不良情绪如脱缰的野马在心里左冲右突，有时候张茂渊和她好好地聊着什么事情，她心里一突，不舒服的感觉涌上来了，就要发泄无名之火，说拉下脸就拉下脸，或者不顾张茂渊尴尬，一言不发扭身走人了。

张茂渊也不太招惹她，事事都让着她，时间久了，也难免有所怨言，觉得金钱真是魔鬼的化身，好端端地就将一个优雅大方、温柔沉默的人变得喜怒无常、不可理喻。更可怕的是，曾经如漆似胶的友情与亲情，在它面前也脆弱得不堪一击，应声而断。

张茂渊除了努力工作挣钱赎罪外，已经想不到还有什么方式可以缓解她与黄逸梵之间剑拔弩张的情势。

她是个重情的人，她知道黄逸梵也是，可是很多时候，感情在现实的重压下会脆弱得不堪一击，像只在沙漠中跋涉已久的骆驼，一根稻草就可以让它狼狈地跪倒在地。

所以我们并不能埋怨人心的善变，情义如丝，在被细致吐出的时候，它就是一种纠缠的姿态，百般缠绕，千番纠葛。我们愿意去抽丝剥茧，将它理得条理分明，因为它是如此珍贵，可以晶莹洁白，可以透彻轻盈，寄托了人世间最可贵的遐想，成全了人们最热烈的感情。

只是剪不断理还乱的终究也是它，被命运的手无端撩拨后，它洁白的身躯落入沉滓的尘埃，以后，螺钿似的盘旋出杂乱无章的命运。

无奈的妥协

爱与恨就是这样奇怪的情绪，情是怪在"情不知所起，一往而深"，没有由头，不问原因，一个念头已经心驰意动，一去千里。恨却是有根有据的，在很小的一件事上扎了根，心底日夜的煎熬成了养分，极力栽培，不折不挠，长成了遮天蔽日的大树，也只在心头的土壤上恨得咬牙切齿，那树根系庞大，牵枝扳藤，纠结得身心交瘁，叫人不知如何是好。

这时我们倒不如适时松开恨的缰索，放心一条自由出路。

放下，妥协，人生必须学会的修行功课，大胸襟者得大自在，张爱玲说过："人生最可爱的时候就在撒手的那一当儿。"

黄逸梵放下心结的那一当儿，也是她从坏境遇当中逃出生天的时候。女人的心是用水做的，冰凉时冷得叫人齿冷心寒，柔软时也是柔若无骨，所有铿锵的心绪都百炼成钢，化成绕指柔情。

但是刚开始时，她与张茂渊还是在互相折磨之中，同住一个屋檐下，那快乐早已成了过往云烟。她们小心翼翼觑候着彼此的心思，就怕一不小心触到对方心底的地雷，表面一团和气，那和气中始终挟着隐隐的肃杀之气，两个人日常见面尽量避免言语交流，能自己解决的事情也尽量不麻烦对方。

本来亲密无间的姑嫂两人，中间横着一条深而大的篱桩，上头缠绕的不是招摇的牵牛花，而是尖锐的竖刺，笔直朝天，闪着寒锐的光，一不小心就会被它扎疼了心房。

黄逸梵：一生飘逸　一世梵唱

　　张爱玲有时来到小公寓，觉得姑嫂俩的气氛不再像从前了。张茂渊忙得不能准时回家，只有黄逸梵一个人守着空落落的厅堂，怨气还是有的，但已经不太愿意把它端出来扫射无辜的看客了。黄逸梵这时异常安静，安静得一个人在书桌前奋笔疾书，给男友维基斯写了一封又一封的信，倾吐心中的苦闷与衷肠。

　　咖啡色的小书桌还是黄逸梵亲自淘来的，她说书桌的木纹让她联想起英伦公园里笔直的水杉树，高大笔直，清晨傍晚总是散发出浓绿的湿意。

　　张爱玲看着这张书桌，还记得发生在这张小书桌上的故事。因为高度近视，张茂渊有一次把书桌上一滴墨渍当成了苍蝇，她拿了苍蝇拍到处去拍，谁知拍了半天，那苍蝇胆子大得竟然纹丝不动。等到黄逸梵听到动静后匆匆赶来，两人才发现原是个有趣的小误会。

　　张茂渊笑得眼泪都流出来，黄逸梵也抛掉淑女的气质，搂着张爱玲的肩膀咯咯咯咯笑个不停。

　　动人的笑声仿佛还在房间四处流溢，不知怎的，转眼间，大笑不止的两人就已经遗失了不分彼此的感情。

　　在这样枯燥干涸的日子里，上海的黄梅雨季沥沥拉拉，像长着庞大曳长怪物的尾巴，横扫了整个六月。人的心也能在这样潮湿的时节中拧出汁水来，黄逸梵的眼泪仿佛随着雨季的到来也丰沛起来。很多次，张爱玲都看见她一个人躺在床上，眼睛红红的，像刚哭过。张爱玲和她说话，她一开口，声音都是沙哑的，憔悴得像朵被吸干水分的花。

　　张茂渊不敢过问黄逸梵的坏情绪，她自己也有怨无处诉，女人间的嫌隙总是处在微妙的平衡状态。她们决不肯提着银戟亲自在战场上相互厮杀，表面祥和是努力维持的意象，里子中的千疮百孔自然不足为外人所道。

张茂渊哭的地点和方式与黄逸梵不尽相同，她选择在浴室里发泄坏情绪，"不声不响倚在浴室门边垂泪，对着门外的一只小文件柜，一只手扳着抽屉柄，穿着花格子绸旗袍，肚子上柔软的线条还在微微起伏，刚抽泣过，见张爱玲来了，便自顾自走开。"

张茂渊就像是被夹在蚌壳里的柔软肉体，这件事里，她既赔了夫人又折损了兵卒，亲戚的官司没有帮上忙，黄逸梵的钱被她亏空干净。她哪边都没有讨到好处，娇嫩的意志与身体在打击中几乎败下阵来。幸亏她向来坚强、果敢，少年得意的时候，固然深处富贵之乡没有改变积极向上的生活态度，如今遭受人生中罕见的重创，她也咬牙挺过以薄弱的肩膀承担犯下的过错。

这是个罕见的奇女子，和黄逸梵一样不吝笔墨，尽情书写人生传奇。

为着这位张家千金的婚事，亲亲眷眷们没有少操心思，说来说去的对象不是侯门后代，就是贵胄嫡孙，要不就是新近的暴发户，浑身金光闪闪，急需拉拢一个贵族的后代冲掉一身的土豪气息。

小小的公寓里送往迎来的都是做媒的客人，张茂渊烦不胜烦。为了寻求片刻清净，她能躲就躲，能避就避，就算拒不见人是没礼貌的，她也只好把没礼貌进行到底了。

不见面不攀谈总归是权益之计，做亲的亲戚经常吃闭门羹，索性不上门来，改成电话约谈。有一次张茂渊接了一位远方亲戚的电话后，眼睛红彤彤的，说话的声气都改掉了。她一个人垂首默立在电话旁半晌，恰好黄逸梵路过客厅，那当儿，张茂渊也不知道积攒了多久的勇气，终于撬开了伪装的坚强，拉住黄逸梵的手喋喋诉说烦恼，脆弱的眼泪肆意流淌。

女人的同情像把尖锐的凿子，轻而易举敲松了冰封的感情。黄逸梵深深理解张茂渊的无奈，那些亲戚总会认为张茂渊是读过洋墨水的，看中的也肯定是洋小伙子，中国男人经不起她法眼挑剔，所以提到婚姻她就总是一口谢绝，没有商量余地。

"好像他们眼中，随便什么样的男人女人，只要一个有钱，一个有权，就可以随意拉过结婚似的，"黄逸梵这样替张茂渊打抱不平。

张茂渊心里感叹不已，黄逸梵到底和她相交了那么多年，对自己理解至深，哪怕在钱财上有罅隙，思想上仍是保持着高度统一的。

在别人眼里，她也许是个高傲高贵不普通的女子，以至于有人说她是"三高"人士：

高学历，一个留过洋镀过金的女海归，比得过普通女学生；高收入，遗产也应该算一种收入吧，虽然被哥哥们欺蒙，但打折后仍旧身家不菲，再说还是个职业女性，一度在电台读社论，工作半小时，就能拿几万元的薪水；高门槛，俗话说抬头嫁女儿，低头接媳妇，对张茂渊这样的名门之后，世俗免不了要给予敬而远之的待遇。

虽如此说，只要她肯愿意俯就，这世上就没有嫁不掉的女子。偏生张茂渊是个不肯俯就的女子，人这一辈子要俯就的太多，命运、人事、遭遇、金钱、地位、名利，如果再对感情俯就，那便当真是一无所有了。

她与黄逸梵一样都是"有情饮水饱"的人，对爱情抱有的价值观正如张爱玲说的那句："有目的的爱都不算是爱。"正是因为爱得纯粹，爱得自由，才容易沉溺在爱河奋不顾身，难以抽离，其结局也如水中落花，漂流颠沛，不由己身。

张茂渊不奢求下半生他的哥哥们突然良心发现，把鲸吞的财产还给她，好免她遭受漂泊流离之苦。但她也希冀着，有生之年，可以找到一个情投意合的爱人，琴瑟和谐、举案齐眉地幸福下去。

黄逸梵懂她，因为懂得，所以慈悲。

她在婚姻上替张茂渊出了不少主意，亲戚来往间说到张茂渊的婚事，故意左右迂回要套她的话。她都是和张茂渊站在同一条战壕里的，只说没有觅到合适的人选，正在找，几句话给挡了不少麻烦。

如果说张茂渊的性格是"对自己狠一点，与虚伪的情意一刀两段"，黄逸梵则是"刻骨的真实"，"刀截般的分明"。

在爱情上，她们不约而同都有精神上的洁癖，决不肯屈就红尘里卑微到尘埃里的感情。

抑或是张茂渊倔强的眼泪软化了黄逸梵的心，抑或是同样刻苦铭心的爱恋让人觉得"同是天涯沦落人，相逢何必曾相识"。那一刻，也许就是从那一刻起，黄逸梵和张茂渊前嫌尽释了。

一个女人怜悯另一个女人的开始也许是懂得，而让女人与女人放下芥蒂，重修于好则可能缘起于了解。

黄逸梵：一生飘逸　一世梵唱

黄逸梵就像是大海里畅游的一尾游鱼，张茂渊也是，她们的世界并不风平浪静，蔚蓝色的海面保不准会掀起滔天巨浪，撕开的血盆大口吞噬人间的平宁。她们身不由己，在水中载沉载浮，也许一不小心能捕猎到难能可贵的幸福，也许和幸运擦肩而过，也许哪天就会和噩运撞个满怀，她们都挣不脱这个世界，只能尽力闪避，携手营造一方和平。

共同的危机是维系感情的契机，很多时候，她们各自占山为王，不会轻易涉足对方的领地。即使互有来往，也保持住亲昵而不狎昵的立场，愿意为彼此分担，又没有控制对方精彩的欲望。

互相理解使她们保留各自的骄傲，在危机四伏的世事面前，她们适时妥协，放弃成见，长久的了解，终于明媚了阴暗过往，再续那芬芳前缘。

她们化干戈为玉帛，从张茂渊泪眼婆娑的那刻起，友情亲情再度升温，即使被冷藏了些时日，一旦解封了，依旧是春光融融，春风和煦。

对于张茂渊的感情，黄逸梵和他人有着不一样的担心，黄逸梵给亲戚家的女孩儿做媒，总拣有钱的，有势的，或者有家底的。给自己挑的爱人，就只管有感情就可以了，金钱和物质一向不在她的考虑范围。同样，她对待张茂渊的恋爱态度，也考虑是否值得付出，是否两情相悦。在她认为，张茂渊的个人好恶应该要凌驾于其他标准之上。

张茂渊是非常感激黄逸梵的知遇之恩的，有一个理解自己的人能在人生遇到困惑的当儿挺身而出，仗义相助，这无疑是慰藉，同时也是幸运。

这以后，她们剑拔弩张的关系彻底缓和下来。

由于在洋行里工作的缘故，张茂渊需要一个体面的住所，她说："这样升职才快。"

不要怪人心那么势力，贫穷往往意味着缺乏才干。张茂渊一心想要快点往上爬，如此薪水才能水涨船高，使她应付生活不那么吃力。

她租赁的公寓房租不菲，日常开销令她颇为吃力，黄逸梵知道情况后，不愿白吃白住，挤了闲钱要补贴家用花费。张茂渊直言拒绝，黄逸梵如今的困窘是她一手造成的，自己极力弥补都来不及，又怎肯让她再行破费。

这样看来，她们情义的轮船总算艰难地在这轮暴风雨中转了个身，堪堪避过了凶险的暗礁。航行的前途看上去昏昧不明，似乎有重重的阴雨等待在前方，然而此刻，命运的船是轻快的，它终于挣脱了覆灭的危险，亲身沐浴风雨后的阳光了。

第五卷

悲欢离合戏中人　聚散无情两不依

人与人之间的感情是这世界上最难琢磨的东西，它们既交相辉映，如同夜空中的月与水中的月，同样的明辉，同声共息地应和。在万籁俱寂的夜中，彼此依存，相互拥吻，绵延不断地去爱。爱别人，也热烈地让别人爱着。

另一方面，它也能在残忍的现实面前，被一把揭开温情的面纱，露出里面狰狞的内容。像攀援而上的凌霄花，耗尽生活的热情，挤压彼此的生存空间，同生共存的理想世界瞬间坍塌，硬生生地跌进爱恨情仇中，失去温情的花朵亦凋谢在枯藤上。

焚烧成烬的亲情

　　黄逸梵也许并不清楚，女儿张爱玲一向将她视为新时代女性的楷模。八岁时，张爱玲就已经下决心要做一个像母亲那样"穿高跟鞋，梳爱司头，可以随时把一枚漂亮的胸针别在衣服上，让容貌和衣饰相得益彰"的优雅女人。

　　当然，这份优雅中还必须包含高素质的艺术文化修养。出于对母亲自由自在留学生活的钦慕，尚在上中学的张爱玲暗暗下定决心，以后要追随黄逸梵的步履，去欧洲留学，踏遍欧洲大陆的每一寸土地。

　　她将这一打算吐露给了黄逸梵听，黄逸梵没有当场表态，只是点点头表示知道了，她敏感地察觉到女儿眼中一闪而过的失望。

　　其实黄逸梵心里有自己的打算，出于一个母亲的责任，亦是离婚前和前夫张廷重白纸黑字约法三章过的。隔了两天，她托弟弟黄定柱约张廷重出来，想和他谈论张爱玲出国留洋的费用问题。

黄逸梵满怀期待张廷重能按时履约，谁知却等来张廷重一口拒绝见面的坏消息。

原来张廷重整日和孙用蕃吸食鸦片，经济压力大得已然接近破产。如今女儿又提出要去留洋，这笔留洋的费用可以供他挥霍一阵，他又怎么愿意放弃自己花天酒地的生活去成全女儿的梦想呢？再联想到一手抚养长大的女儿和自己并不亲热，有事没事就往前妻家里跑，他便一厢认定女儿受到了黄逸梵的蛊惑，心里更加火冒三丈。

做丈夫失败的阴影还没有褪去，做父亲亦不成功的打击又接踵而来。

张廷重的心情是万分窝火的，黄逸梵就像一颗他一生都摘取不到、只能艳羡的天上星辰，女儿张爱玲居然也想学着她展翅高飞，脱离家庭的束缚。两个女性的相似处已经不能使他感到安慰，反而像把利刃狠狠给了他戳心又痛苦的一刀。

他一再拒绝黄逸梵的邀约，甚至连打过来的电话都不肯接。

黄逸梵无法可想，面对存心耍赖的前夫，她和张爱玲一样心急火燎无计可施。张廷重拒不履行离婚前签订的关于张爱玲读书费用的条约，她手头又十分拮据，眼看张爱玲的留学计划就要成为泡影，黄逸梵看在眼里急在心上，那段时间火气上升，急得嘴上都燎出了几个水泡。

聪慧的张爱玲也知道事情结果不太妙，来到黄逸梵租住的小公寓里后，她总是不声不响，郁郁寡欢，呆呆地站在阳台上独自看着阴暗的天。

黄逸梵：一生飘逸　一世梵唱

黄逸梵一边为女儿的留学问题奔走忙碌，一边又让张茂渊安慰张爱玲，让她放宽心，不要操之过急。

张茂渊接受了这桩任务，有一天在浴室门口堵着张爱玲，笑着对她说："你不要着急，她到了自然会的。"

意思是水到自然渠成，原来当时连张茂渊也反对送张爱玲出国留学，只是黄逸梵再三坚持，一定要完成女儿的心愿，张茂渊才改变主意，后来她亦是这样安慰张爱玲："我也劝她来着，她这件事一定要做的。"

黄逸梵主意已定，一旦决定的事任谁也无法改变。

她内心十分清楚，倘若自己的年华踽踽不再，只要女儿仍旧锦瑟佳期，仍旧野心勃勃振翅欲飞，那么不妨给女儿一次天高任鸟飞的机会。

现实的世界是如此狭隘幽闭，留不住一场春华秋实的美梦，如果曾经的她因为种种限制而贻误了绝代芳华，那么她不愿意同样的错误再在女儿身上重演一遍。假如可能，她愿意解除与这个世界的误会，从张爱玲开始——她想要的，自己就双手奉上，黄逸梵希望张爱玲与过去的生活一刀两断，然后踏入一段崭新猎奇的人生旅途。

梦想总是楚楚动人，现实却瘦骨嶙峋得可怕，过于美丽的东西容易招来世人的误解，讨厌和黯淡形成强烈反差的艳丽色泽。如果一个人活得过分精彩，诽谤与揣测就会像恶魔的影子，薄而尖锐，无孔不入钻入生活中，一点点把它切割得伤痕累累，遍地残红。

孙用蕃听说张爱玲受到黄逸梵的蛊惑，便气急败坏，刻薄地插嘴说道："你母亲离了婚还要插手你们家的事，既然放不下这里，为什么不回来？只可惜迟了一步，回来只好作姨太太了。”

张爱玲听了这番讽刺的话，气得面红耳赤，拳头捏得紧紧的，忍了又忍，最后默默离开。

她不知道，转身后的自己不经意地错过了张廷重脸上不自觉流露出来的得意神色，这场两女争一夫的错觉令他的心里产生了一种不切实际的欢喜。他还爱着前妻，由爱生恨的心理往往能够摧毁一个人的理性和意志，他并不是个善于控制自身思想的人。

积怨的累积循序渐进着，意外常常造就生活的惊喜，也会制造一些剑拔弩张的矛盾。在张爱玲的中学毕业典礼上，张廷重和孙用藩、黄逸梵和张茂渊居然意外地碰面了。

这不是场令人期待的邂逅，反而为日后张爱玲与张廷重的矛盾爆发埋下了一粒祸种。

黄逸梵对待女儿的毕业典礼丝毫不敢怠慢，她穿着时下流行的白色洋装，柔软的布料以最完美的弧度勾勒出清瘦苗条的体态，头上顶着的薄纱小帽将网罩后迷人的双眸衬得神秘莫测，细细的高跟鞋修饰了有些细瘦的小腿线条。

出类拔萃的装扮引来张廷重偷偷注目，孙用藩见了，脸色几乎立刻变成死灰一样的惨白。她身上那件金针银线的福字旗袍太过喜气，整个人被它一衬，马上有种俗不可耐的老气了。

孙用藩在张爱玲的毕业典礼上败得一塌糊涂，她心里充满了不甘的情绪，想当初一心要搬离原来的住宅，最主要的原因就是希望摆脱黄逸梵的影子。

没有人逼着她走到黄逸梵的对立面去，与她真枪实弹地厮杀拼搏。是她自己驱赶不了内心的嫉妒，任凭黄逸梵的影子死死纠缠，像一大片海带，被人捞起拖到眼前，才发现那是连绵一大片的阴影。

孙用藩喜欢处处和黄逸梵比较，她知道黄逸梵有艺术天分，油画雕塑设计都十分在行，她的客厅里摆着的知交好友陆小曼的油画花瓶。有客人来家里坐，她就不厌其烦地向别人炫耀："黄逸梵喜欢油画，认识蒋碧薇、徐悲鸿，那有什么了不起，我同陆小曼还是朋友呢。"

女人就是如此奇怪的生物，她们有着极为旺盛的虚荣心。为了捍卫自身的光鲜，她们要么唇枪舌剑，互逞口舌之快，要么堆砌起高高的墙垛，拒绝对方的探查，给自己一个足够隐蔽的私人城池，还可以在对方不注意时发射暗箭。

1937 年的夏天，受到日军突袭的上海火光冲天，哀鸿遍野，这一年夏天，张爱玲的世界也被家庭的炮火轰得分崩离析，片片凋落。

孙用藩的嫉妒之火一蹿比天高，她痛恨黄逸梵无处不在的影响力，战火却被引到无辜的张爱玲身上，彻底焚毁了一个率真的小女孩对于亲情的所有渴望。

因为家里的住宅临近炮火密集的苏州河，张爱玲不胜打扰，便和张廷重打了招呼，去母亲黄逸梵的公寓里小住几天。这原本不是什么了不起的大事，但她不告而别的行为触动了孙用藩心底的雷线。

两个礼拜后，张爱玲才踏入家门，就引来孙用藩劈头盖脸一顿训斥："怎么你走了也不告诉我？翅膀硬了想飞哪里就飞哪里，你还把我这个母亲放在心上没有?"

被说懵了的张爱玲来不及反应，一个响亮的耳光兜头兜脸打了过来。张爱玲呆愣一瞬，随即反应过来，怒火中烧时，失去了理智。她凭着一股冲上脑门的激愤奋力向孙用藩撞了过去，举起手还想讨回自己的尊严。

底下的仆人纷纷上前拦住了她，孙用藩连吼带哭，向楼上大声叫嚷："她打我，她竟然敢打我……"哭喊中，扯乱了头发，踢掉了脚上的皮鞋。

气到极点的张爱玲浑身发抖，哭声哽咽在喉中几乎让她一口气喘不上来。她的视线接触到屋外洒进来的阳光，罩在死气沉沉的家具上，那些光线像刀子一样切割着她的眼睛，她怎么用力都挤不出一滴眼泪。

楼梯上传来重重的木屐声，张廷重从楼上疾奔而下，像暴怒的野兽冲到女儿面前，不由分说就是一阵拳打脚踢。

他一边打一边还怒吼："你还打人，你打人我就打死你，真是无法无天了！我今天非打死你不可。"

他的火气来得迅雷不及掩耳，父女间的矛盾瞬间爆发，多年来，张廷重对黄逸梵的不满终于在此刻犹如洪水猛兽，挡也挡不住地倾泻下来。

他的拳头落在无辜的张爱玲身上，他却感觉殴打的是叛逆、自由的妻子，给了他不能言说的难堪，令他颜面扫地，令他饱尝得不到的痛苦。

温情被彻底打碎在地，张爱玲的颜面也彻底丧失，她被张廷重揪住头发，头像风雨中无力的花骨朵，一会儿扇到左边，一会儿扇到右边，整个脑袋像被塞了千百架齐鸣的钟鼓，闹哄哄吵嚷嚷，几乎要把脑袋撑破。

张廷重失去了理智似的痛下杀手，他几乎忘了眼前这个手无缚鸡之力的女孩是他的亲生骨肉，他只知道发泄，发泄内心的不满，几乎要将张爱玲置于死地。

局面是如此混乱不堪，站在一边的仆人们呆若木鸡，他们七手八脚把父女两个分开，张廷重红着眼满脸愤怒地看着张爱玲。而张爱玲则哭着跑到了浴室。几分钟的殴打，让她的心彻底冰冷，她后来用文字叙述这个场景，冷冰冰地给出无情的注脚："我把世界强行分成两半，光明与黑暗，善与恶，神与魔，属于我父亲这一边的必定是不好的。"

代表精神家园的亲情溃不成军，张爱玲不甘心也不能够理解，她想要去报告巡捕房，为自己的冤屈讨伐公道。狂奔出去的脚步被门警无情地阻拦在铁门内，张爱玲对着大门又捶又敲，大闹大哭了一场，最后还是被人拖回了屋里去，这个行为引来了张廷重更加愤怒的报复——一只青瓷花瓶向她横掷而来，张爱玲吓呆了，花瓶擦过她的脸颊，摔在了对面的墙上。

张廷重发泄后摔门出去，临走前嘱人将张爱玲软禁起来，不允许她和任何外人接触，除了保姆何干。张爱玲抱着何干的肩膀痛哭失声，伤心的哭声在阴暗的阁楼间久久回荡着。

过了几天，何干偷偷溜出去，把这个消息告诉了等候张爱玲回音的黄逸梵。黄逸梵几乎没有当场掉下眼泪来，她想亲自上门要人，却被张茂渊出声阻止了。

张茂渊知道张廷重的心结，恨黄逸梵已经心魔深入，无药可解。黄逸梵此刻去张府要人，无疑是在给张廷重的火上再浇层油，非但解决不了事情，反而让事情更加恶化。

第二天，张茂渊带着与张廷重向来交好的黄定柱亲自登门要人，他们本意是要化干戈为玉帛去的，谁知道怀恨在心的孙用藩根本不吃这一套，反而阴阳怪气地质问他们："是来捉鸦片的吧。"

这句话恰好说中了张廷重的痛处，张廷重不由分说，跳起来劈头就打过去，用鸦片枪杆敲破了张茂渊的额头。

张茂渊气不可忍，本来还想和他打场笔墨官司，但碍于家丑不可外扬，觉得兄妹阋墙实在有伤门楣光彩，便强忍下了这口气，恨恨揭过不提。

张廷重的绝情深深伤害了女儿张爱玲，同时也让黄逸梵更加清醒地了解了他的为人。

黄逸梵是悲哀的，她的不幸婚姻给张爱玲造成了天大的委屈，当她知道女儿被软禁后，五内俱焚，忧心不已。她深深理解女儿的心情，虽然隔着高楼大院的张家住宅，那种孤单、恐惧、愤怒、哀凉的心情却在几十年后再度重现。

她被婚姻困住了十几年，没有遭受过身体上的伤害，精神上的凌迟却分分秒秒不肯放过自己。女儿被囚禁的地方也是曾经囚禁她的地方，她的记忆里，那幢屋子始终是不见天日的阴森森，边边角角里都藏着鸦片阴毒呛人的味道。

她曾发誓一辈子不想再接触这样的回忆，谁知女儿张爱玲却不幸重蹈了覆辙。

日子磕磕绊绊往前撞去，张爱玲转眼被囚禁了一百天。黄逸梵在这一百天里到处奔走，她后来尝试联系孙用藩，等到的自然是冷冰冰的闭门羹。

失望中，她联系到了张爱玲的保姆何干，嘱咐何干好好看护张爱玲。只因她听说张爱玲后来在软禁中得了痢疾，生命奄奄一息，几乎不曾死去，而狠心的张廷重居然不闻不问，任由女儿自生自灭。多亏何干瞒着孙用藩替张爱玲求情，才唤起了张廷重心里仅存的一点良知，给张爱玲治了病，使得她的病情得以缓解。可悲的是整个治疗过程都是瞒着孙用藩悄悄进行的。

黄逸梵让何干转告张爱玲："万一他再打你，千万不要还手，说出去总是你的错，别人只会给你扣屎盆子。"

她并不真的在意所谓的父慈子孝的伦理道德，这样劝说倔强的张爱玲都是为了保护她。黄逸梵比张爱玲更加清楚地认清现实，经济不曾独立的女人只能像只寄居蟹一样，团起脆弱的身子寄居在不属于自己的壳中。什么难以割舍的亲情爱情友情，在利益面前，有些人是可以毫无顾忌地将之抛弃掉，自私的人不会在意留给别人怎样的伤害，因为伤害别人无关他们的痛痒。他们只需抓住眼前的快乐，"今朝有酒今朝醉"，奢靡的享乐只为堵住心灵的空洞，他们并不在乎别人指着脊梁骨骂他们是"行尸走肉、冷酷无情"的。

而作为母亲，黄逸梵也有倍感无力的时候，血液中的亲情热情地奔腾流淌，迸发许多脱离实际的想法。只是基于冷酷的事实，她愿意为女儿付出更多的想法，经常是才在脑海里成了形，就被无情地否定掉。照顾女儿需要的不仅仅是金钱，还需要许多精力，这些都是黄逸梵所欠缺的，即使真要给，恐怕也填补不了张爱玲的欲望之壑。

她太清楚女儿张爱玲的需要了，此时此刻，张爱玲就像一盆被烈日暴晒的花朵，一点两点的毛毛雨满足不了饥渴的花叶，只有一场倾盆大雨才能彻底缓解干涸的旱情。

"久旱逢甘霖"，只有雨水充沛，千里赤地才能芳草绿茵，黄逸梵布施不了那么多雨水，或许，她正努力积攒力量，准备好好滋润张爱玲一场。

只是那积蓄雨水的过程如此之长，长到人生都已匆匆谢幕了，她的爱还在积雨云中酝酿，翻腾，搅动。

积攒力量的爱

雨后的山总是空灵、清明的，那种灵透不同于雨前的闷热、模糊。山的形状和颜色都是黏嗒嗒、稀里糊涂的，山顶滚着的黑云压着低沉的雷声，藏着锋刃的闪电，单等蕴集到了一个爆破点，就可以撕裂山头的混沌，换山林一个鸟语啾啾的新鲜天地。

突如其来的电闪雷鸣过后，青色的山峦终于现出可爱的样子，这时候看它，只觉得眼里一寸寸铺的绿意都崭新得像是刚出炉的，风雨过后的山景叫人沉醉，因为此刻，是最美最静最清的。看景的人都清楚，那场骇人心魄的云雨总算过去了，这片刻的安宁是难得的，该采撷时一定要掬牢，紧紧的，不可错过了，因为再美的风景，也有凋落的时候。

张爱玲的山雨终于结束了，她在一个月黑风高的夜晚，趁两个巡警换岗的间隙，蹑手蹑脚拔了门闩，一步不回头地跑出了阴森的张家大宅。

当她气喘吁吁、眼中噙泪地站在黄逸梵与张茂渊的面前时，三个女人都忍不住心情激动，抱头痛哭。

黄逸梵一遍遍梳理着女儿凌乱的头发，枯燥而无光，像堆稻草耷拉在肩头，张爱玲瘦了，苍白如纸。黄逸梵打量着，叹息着，她的心底有把钝钝的刀子来来回回磨挫着，她抱紧张爱玲的肩膀，同样瘦得硌得人胳膊痛。

黄逸梵在心里暗暗发誓，不管怎样，她都不会再让女儿吃这样的苦头了。

那时她是真心地想要给张爱玲以母爱，在张爱玲被软禁时，她的内心饱受煎熬，在奔走求助无告后，那煎熬简直翻化成涌浪，在接天的海的尽头，催动鼍鼓雷鸣的巨响，一排接着一排，前赴后继地涌来，那千钧之力几乎要拍碎她柔软的心脏。

她一心想要营救张爱玲，被先前女儿遭到的虐待深深地震慑，心里把张爱玲的遭遇描绘成十八层炼狱中的淬炼，越是去想它的骇人听闻，神经就越是跟着紧张，到后来几乎夜夜失眠。生活中的各种不如意和打击都拿着绞索，在她脖子上绕了一圈又一圈，齐心协力在一头发力，她的精气神差不多要败下阵来，萎靡不堪令她几乎缴械投降。

如今张爱玲凭空出现在自家门口，黄逸梵觉得这是老天给她的大赦，最重压的负担从心脏上轻轻移除，多日来积蓄的不安终于随着大家痛哭的眼泪都流掉了。她真的希望，那些烦恼和忧惧就此顺着眼泪流到江里，海里，不要再回来找她们的麻烦了。

然而麻烦不会因为人的厌弃而退避三舍，短暂的幸福背后，烦恼又鬼鬼祟祟不请自来。因为逃出家门前，痢疾还没有完全治愈，一路奔逃的过程又饱受忧惧惊吓，张爱玲回到母亲身边不久，就患上了更为严重的伤寒病。

黄逸梵先是请了德国医生来看病，说是伤寒，很严重要住院。才听到住院两个字时，黄逸梵脸上现出了一丝忧心，她不是心疼钱舍不得给女儿看病，而是现在她根本无力承担巨额的医药费。黄逸梵心里清楚，又不忍心张爱玲饱受病痛折磨，她可怜女儿身体和心理遭受的双重摧残，大人尚且承受不住，更何况爱玲还没有成年，是个半大不小的可怜孩子。

黄逸梵权衡了一会儿，下决心让张爱玲搬去医院治疗，经济状况着实容不得她多有选择，只得安排张爱玲进了一个很小的私人医院。

张爱玲这次的病来势汹汹，比前面的痢疾更为严重。她在德国人开的医院里一住就是几个星期，十几个日日夜夜都躺在床上动弹不得，使得她觉得自己像是烂在病床上了，从表面到里子渗出一股股根茎腐烂的酸水。

张爱玲病得如此严重，黄逸梵几乎寸步不离守在病榻前照顾着她。

这么多年国外生活的经验，锻炼了黄逸梵独立生活的能力，她最大的能耐是把自己照顾得不错，照顾别人却还是有点手忙脚乱的。

这并不能怪黄逸梵是娇生惯养长大，不知疾苦。从小到大，她生活在锦衣玉食之中，家里的奴仆流水般地换了几批，她本人却从没有中断过被人伺候的日子。后来虽然去了国外生活多年，她交际广阔，悠游自在，无数的男人都等着给她献殷勤，她接受的生活历练中没有照顾别人这项选题。

但是黄逸梵无微不至地照顾着女儿张爱玲，为了让张爱玲安心睡觉，有个安静的修养场所，她特意安排张爱玲住进了单人病房，小医院隔音效果总是不佳的，隔壁有个女人微弱的呻吟声游荡了一夜，天亮了才安静下来。

早晨看护进来，低声惨气地告诉张爱玲："隔壁患伤寒症的女人死了，才十七岁。"

和张爱玲一样地年轻，没等开花，先冻死在了枝头。

黄逸梵感觉到张爱玲的恐慌，她心里埋怨小护士的不懂事，居然当着病人的面谈生论死，给张爱玲带来了巨大的心理压力。其实她也害怕，伸出手紧紧握住张爱玲的手，小声说道："等你十八岁的时候也给你做衣裳。"

哄娃娃似地哄着女儿，同时也在宽慰自己，十八岁是很快的事，女儿不至于命薄到长不成人。

等待病愈的日子，一分一秒都像拱着火烘烤心尖似的，黄逸梵渐渐力不能支，只能和张茂渊替换着看护，张茂渊有一手好厨艺，时常煲来营养的鸡汤、排骨汤给张爱玲补补身子。

这样的拿手绝活，黄逸梵是不会的，她有她的奇巧玲珑处，不能满足女儿胃口上的需要，总要给她争取看护上的特殊待遇。每天护士过来给张爱玲换药量体温时，黄逸梵总是抓紧机会和看护随意攀谈，她夸看护看书用功，人也长得漂亮，看起来特别有福相。

长袖善舞、八面玲珑也算是黄逸梵的一项过人之处，都说时势造英雄，在当时那样山穷水尽的窘境中，金钱上的依靠已然不能指望了，黄逸梵本身是个容易害羞的人，为了女儿张爱玲，她难得屈尊降贵，说些体面漂亮的话。她人长得漂亮，气质也十分优雅，在别人眼里自然光彩照人，风华绝代，这样的人夸起人来才有说服力，别人也不会想那是刻意的讨好。只有张爱玲火眼金睛看出来她用心良苦，说她："永远想替自己争取特殊待遇。"

　　每天早晨主治医生范斯坦来诊疗的时候，是病房里难得气氛轻松的时刻。范斯坦医师是当地有名的肺病专家，秃头，长得不怎么样，他每次进门都先向黄逸梵问好，然后俯身在张爱玲窗前，"发出一股子清凉的消毒品气味，像个橡皮龙头冲洗得很干净的大象。"

　　他当着张爱玲的面和黄逸梵说笑，有时候也会拿着听诊器听黄逸梵单薄的胸部，嘱咐她要加强营养，不能生气。

　　张爱玲在后来的自传体小说《小团圆》中隐晦地揭露了黄逸梵和范斯坦的隐私，为了给自己看病，黄逸梵用肉体作为交换，换取了看病所需的巨额费用。

　　晚年的张爱玲在历经生活的磨难后终于领悟到了黄逸梵的爱，只是她明白忏悔来得太晚，直到离开这世界，她都没有再原谅过自己。

　　人们常把母爱比作灯、比作阳光、比作高山大海、比作雨露之恩。古往今来，有多少文人墨客挥毫传颂，妙语吟咏，毫不吝啬对母爱的赞美，母爱在他们的笔下不许一尘不染，必须尽善尽美。黄逸梵的爱却是这个世界上任何文字都形容不出来的，她的爱简直不能算是奉献，而是破釜沉舟的牺牲。

　　黄逸梵有强烈的精神洁癖，她对爱情要求永远唯美真诚，掺入灰尘的爱根本不能入她的法眼，更何况和一个无爱的男性有肉体上的关系。

　　因为受不了与张廷重无爱的婚姻，黄逸梵毅然选择挣脱婚姻的樊笼，她在这场婚姻中获得的不仅是精神上的倦怠，更有肉体上的厌恶。

她的精神和肉体应该是高纯度的结晶体，反射出的内心的每缕光线都纯净洁白，没有瑕玷。这份纯洁在张爱玲身染重病的时候从云端坠落泥尘，不再宝光神秀，不再高不可攀。

她不是自甘堕落的天使，只是因为爱，因为母亲神圣的责任，才让她一步坠落，掉下圣坛。后人喜欢对她以后与张爱玲的恩怨口诛笔伐，认为她是一个自私的、冷情的、无爱的母亲。大概不完满的结局总容易引起虚妄的揣测，所以真情总被人们忽略了，人们宁可相信最离谱的伤害，也不肯接纳一份捧心的感情。

不管我们怎样看待黄逸梵，她曾为张爱玲真心付出过总是不可否认的事实，要一个完美主义者付出与心灵相悖的肉体，那种痛苦，比把心脏放在战场上，让千军万马呼啸轰隆地踏过去更加悲哀。

这种悲哀，无可弥补，亦没有特效药解救。

而黄逸梵并不要张爱玲去感恩，她只要张爱玲懂，可惜张爱玲懂得实在是太迟了。

这以后，有一次黄逸梵和张爱玲一起上街，她们需要过一条热闹的马路，面对车来车往的人行道，黄逸梵犹豫了一下，第一次牵起张爱玲的手，拉着她小心翼翼穿过街道。

张爱玲形容当时被牵手的感受："抓得太紧了，手指这么瘦，像一把细竹管横七竖八夹在自己手上，心里乱得很。"

黄逸梵的爱给了她无形的压力，因为黄逸梵不是个善于表达自己感情的人，至少对待同性，她的友好常常被视为施舍。

但这一时期，她与张爱玲相处得还是相当融洽的。本能几乎促使她处处维护女儿，她们的关系像十五晚上的月亮，挂在中天，皎洁明朗，看着叫人格外舒服写意。

日常闲话时，也会提到女孩儿怎样打扮自己。张爱玲知道自己不是黄逸梵心中的清丽的少女，难免有些自惭形秽，走路都佝偻着腰，像只盐焗的虾子。黄逸梵因此对她提出中肯的建议："年轻的女孩子用不着打扮，头发不用烫的，梳的时候总往里卷，不用那么笔直的就行了。"

张爱玲的头发真是很不服帖的那种，黄逸梵亲自动手把她额前不听话的头发梳成横云度岭式。

她的手艺极为出色，更何况那份爱心难能可贵，尽管"直头发不持久，回到学校里早已塌下来了"，张爱玲依旧舍不得去碰它，由着头发在眼前披拂，微风一样撩进眼里。

后来饭桌上的一个同学笑她"痴头怪脑"的，她才肯把头发撩上去。却是小心翼翼、极不舍得的样子，一丝一丝地撩上去，心里还在遗憾没有将黄逸梵的心意保存得更长久些。

黄逸梵和张爱玲的关系如烈火烹油般，好到极致。一次，张爱玲在母亲节那天走过一片花店，"见橱窗里一丛芍药，有一朵开得最好，长圆形的花，深粉色的复瓣，老金黄色的花心，她觉得像母亲。"

问明了价钱，兜里的钱只够买一朵。张爱玲让店员小心些用蜡纸包住花朵，晚间吃完了饭，郑重其事递给了黄逸梵。黄逸梵卸去外面的包装纸，里面的花太沉了，蒂子都压断了，露出里面一根支撑的细铁丝。

张爱玲"哎呀"一声，"耳朵里轰然一声巨响，魂飞魄散，以为要听二车的话。"

她知道自己糊里糊涂，受了店员的蒙骗，把坏的花买回了家，还献宝似的拿出来哄黄逸梵开心。黄逸梵浑然不在意地说，"不要紧，插在水里还可以开好些天。"

她亲自拿了花瓶去装花，搁在床头桌上，"那花居然开了两天才谢掉。"

生活原本的面目应该是温柔的，就像张爱玲送出去的芍药，有着美丽的形态，悦目的颜色，它美时自然美得纯粹，美得极致，有了这美，人间才有炽热的希望。

然而温情的容貌经不得世事的考验，几乎就在我们都以为结局必然是约定俗成的欢喜时，花瓣开始一片片憔悴，于是一阵疾风迅雨后，那些美都成了昨日记忆，朦胧中原是场诗意的错觉。

子归子归，知不知

张子静就是一朵来去无踪的云，他的命运，从落地大哭的那瞬起，就是一个美丽的错误。

然而黄逸梵并不在意这样的美丽，她与张子静的亲情纠葛，并没有实质上的辜负与留恋，要说辜负，她的爱淡泊悠然，没有热情过，谈何后来的辜负；若说留恋，就是连她自己都不相信殷勤的，她给张子静的爱，向来都是点到为止。

张爱玲离家出走的举动无疑激起了张子静莫大的勇气。那一天，一个怯生生的男孩捧着一包报纸卷站在了黄逸梵的住所前，黄逸梵听闻门铃响后，打开了房门，看到了久违的张子静，心里惊讶着，脸上却是风轻云淡，不起波澜。

张子静打开手里的报纸卷，里面是一双半新不旧的篮球鞋，他迎着黄逸梵与张茂渊疑惑的目光，表达了自己想要留下来和她们一起住的想法。张茂渊一听就摇头走开了，黄逸梵面露难色，踌躇半晌，最后不得不实话实说："你是张家唯一的男孩子，你不能离开张家，况且，我现在没有收入，又要供你姐姐上学，经济上实在照应不来，没有办法再多负担一个，母亲很对不起你，过去没有照顾到你，现在没有能力收留你，你听话，跟着父亲，好好念书，将来张家还得靠你。"

她将话说得婉转贴切，试图抚慰张子静心里涌出的孤单、愤怒、恐惧，可是无奈与惋惜明明白白写在她的脸上。

对于儿子张子静，黄逸梵不收留自有她的苦衷，回到上海后，她的经济一直没有多大改善，张爱玲投奔而来，吃穿用度全靠她一人承担，而这种开销以前是白字黑字写在离婚契书上，由张廷重负责的。

黄逸梵一个人无力负担两个孩子的开销，她不想给张子静幻想，开空头支票不切实际也不符合她一贯的作风，她是宁可痛痛快快地让人痛苦，也不愿意用空口许诺叫人牵肠挂肚的。

正因为如此，黄逸梵对张子静的态度后来无数次被人以文字鞭挞叱责。批评家们加诸在她身上很多刻薄、否定的词汇，在人们的印象中，她是个将个人享乐主义凌驾于亲情之上的无情女子，薄情、冷漠、自私、残忍，仿佛这些标签是她自甘堕落的最好写照。

细细想来，我们对待这位奇女子实在是太过于苛刻恶毒了。

黄逸梵是爱儿子的，她的爱透明、轻薄，像未熹的朝露，像才透亮的东方鱼肚白，她把自身的能力放在最重要的位置上去考量，不愿意平分自己对儿子和女儿的爱，然后因为这样的雨露均分反而稀释了那份爱。

她一直认为，张爱玲是个女性，女性就更应该具有相当的学识和事业。她在国外游历了这么多年，走过世界那么多角落，世界翻天覆地的变化使得她清醒地意识到，一个独立的有能力的女性无论到哪里都不会被这个时代抛弃。

她希望张爱玲能够靠自己的双手打拼出不一样的精彩，这种价值观就是放在今天来看，也是绝对符合这个社会主流思想的。她没有错得过分，要是实在鸡蛋里面挑骨头，那也只能说这种分配母爱的方式未免显得不太公平，母爱原本应该有着相同的分量，而张子静得到的，却轻得不能够放在心里去慰藉那里的严寒酷暑。

我们对黄逸梵的指责都基于自身对这个世界的理解。

而黄逸梵却是一个自我意识强烈的女子，她自有的一套行事标准和价值观念，从裹着小脚去上学，到三寸金莲走世界，从极力挣脱无爱的形婚到追逐爱情的自由，传奇女子什么时候又把世俗的标准放在了眼中？

不一样的女子当用不一样的眼光看待，黄逸梵之所以能够成为民国史上一道奇绝幽丽的光，那是因为她的遗世独立。她触手可碰的个性棱角，是没有言明的、半遮半掩的私语，只适合于流传在传奇之中，休想让她在灰烟瘴气的浊世着陆。

再观张子静的可悲人生，固然跟家庭的不幸脱不了关系，但大半也是由他自己一手造成的。可怜的人自有可恨的地方，那种可恨，因为夹缠在凄风哀雨的遭遇中，往往蒙上了一层楚楚可怜的面纱，叫不明就里的世人生起无端的惋惜和爱怜。

张子静从小性子胆小又温顺，后母孙用藩进了张家门后，在她的极端掌控下，张子静变得低俗、叛逆，而且这种忤逆中还夹着自欺欺人的逃避心态。

他平时租了不少艳俗的连环画来看，逃学，闯祸，经常遭到仆人们私下里诟病。张子静人长得瘦长清癯，身上的衣服穿着穿着就不合身了，他也不放在心上，穿着半新不旧、半长不短的蓝布罩衫到处闲逛。

品味的低俗恶劣还在其次，在变态的家庭环境里培养出来的苗芽，有几根能长得根正苗红？张子静受到了成长中卑劣的挤压与歪曲，他本可以选择像风雪中的苍松不惧风寒，傲雪立霜，以坚定的意志和无所畏惧的态度抵抗一切罪障，但他却选择了无动于衷和堕落。

戴上沉默的面具，无所谓地面对屈辱，面对虐待，罪恶并没有完全吞噬他，他率先丢盔弃甲，全军覆没了。

以消极面对罪孽，只会助长罪孽的嚣张，而受伤的，永远是为他在一旁担忧不已，甚至呐喊助威的人。

张子静却什么都不想，只想沉下了身子，一个劲儿在漩涡急流中，沉沦，沉沦，直到世界坍塌，万物俱灭。

他在一张作废的支票上练签字，孙用藩在烟铺上低声向张廷重不知道说了一句什么，张廷重就跳起来抽了他一个耳刮子。

面对突如其来的羞辱，张子静也只是抽搭了几下鼻子，痛是自然痛的，他却并不十分在意，连二分的委屈也没有的。他的世界仿佛自动隔绝了暴虐，当然，自尊自爱和个人感受也是被摒拒在外的。

饭桌上，为了一点小事，张廷重又跳起来抽了他一个耳刮子。张爱玲看了，大大地一震，把饭碗挡住了脸，眼泪直往下淌。孙用藩取笑她多管闲事，张爱玲丢下碗冲到隔壁的浴室里，闩上了门，无声抽泣。她在镜子前咬牙切齿，发誓报仇，门却突然被一只皮球撞得哐啷乱响，连镜子也跟着震动起来。原来张子静早已忘记饭桌上的事情，放下碗便拿着皮球在花园里若无其事地踢了起来。

看似懦弱胆怯的他，有时候也不是全然地无动于衷。对待下人，张子静的脾气既坏又暴，仆人们叫他，他只当没听见。保姆和女佣合力拖他，他赖在地上扳着房门不肯松手，结果被罚在花园里跪香，一跪就是一个时辰，连看门的都看不过去，替他打抱不平。张子静仍然不争不抗的，刚才那股撒泼无赖的劲道在父亲继母面前早就逃去了爪哇国。

张廷重是满清遗少，迂腐里来，迂腐里去，张子静明明与那个时代脱节那么多年，固步自封、胆小怯懦的个性却如发臭的蛆虫，深深附着在骨肉血液之中。

在母亲黄逸梵的心目中，深目高鼻、面目俊俏的张子静只得了一个肖似自己的空壳，底子却是坑坑洼洼、松松散散。她希望儿子能成长为一个与父亲截然不同的男子，建造一种与祖辈完全不同的新生活。她愿意像个平凡的母亲那样感受子女带来的骄傲与喜悦的，愿意他们尽情在人生的舞台上挥洒拼搏，与日月共燃青春烈焰，愿意他们年轻的心展翅飞翔，任凭风雨锤炼双翅，锻造铁翼，搏击长空。

所有的母亲都有这样的心愿，希望儿女们与幸运邂逅，与美好相伴，与幸福长随，永沐甘河，远离烦忧。

只是，现实何其惨烈，越是希冀的越是不能实现，而不愿发生的，它总是早早守候，只等宿命流转，它便从天而降。

　　黄逸梵失望了，过度美妙的想象令这种失望格外强烈，她熟知张子静的短板，一心要将之改造扭转。她的希望总是忍不住在某个清露芬芳的拂晓悄悄打起花苞，还没有等到日光的青睐，又无可奈何先自凋落。

　　儿子不是可造之才，她的爱只得拐弯转道，将爱留给值得去爱的人，这是人类取舍定夺的本能。只不过这一次，黄逸梵要舍的爱不是针对别人，而是儿子张子静。

　　对于一个要求完美，内心对生活、对未来、对理想满怀憧憬的女性来说，爱的取舍固然痛苦难当，但是左右摇摆，举棋不定更是对自己与他人残忍。

　　她愿意斩钉截铁，与不值得付出的一刀两断，清醒的人更容易看清现实，没有谁能诟病一个头脑清醒的人，就像三世的因果，谁又能说清，上辈子，谁是谁的亏欠，谁又是谁的留恋。

　　黄逸梵的爱自相矛盾着，她也许不觉得矛盾的爱有什么不妥。在能力范围内，她也在极力布施母爱，不甚畅快的，淅淅沥沥的，细雨一样的爱，只可沾湿干渴的唇，想要痛痛快快地解渴，那是不可能的。

　　一方面，张子静上门求助时，黄逸梵表现出不近人情的冷漠，冷言拒绝儿子的请求，甚至张子静想要留下来吃饭，张茂渊以米不够四个人吃为理由加以拒绝时，她也没有伸出援手，把他留下来。

　　另一方面，她仍三不五时找儿子上门，关心他的学习状况，发育情况，随时随地演讲营养学，担忧着儿子过分瘦长的身材。

　　她请张子静来公寓喝下午茶，注意到到他的牙齿很小，泛着营养不良的绿色，像"搓衣板一样邺邺的，成为锯齿形"，就鼓励他，说他长得够高，是美男子的身材，但是不宽，大概得了什么慢性病。

黄逸梵亲自递了十元钱给张子静去看病，让他去医院照 X 光验肺，后来这笔钱大概也被张子静随意处置掉了。

一日，张子静不舒服，一个人靠在皮面方桌的铜边上，说是被鸦片味道熏住了，那是间接暗示了要搬来和母亲同住的意愿。黄逸梵只是苦笑着，打趣他从小"偎灶猫一样偎在鸦片里的，怎么忽然这样娇嫩起来"。

黄逸梵这时是下了铁一样的决心，张子静她实在无力管教，也只能拿"儿子总归是张家的，他一定会给子静安排好前程"作为挡箭牌，尽量把不安、愧疚的心情就地掩埋。

张爱玲哭着在浴室边拭泪，替张子静求情讨饶，黄逸梵淡淡叮嘱女儿去洗把脸："这倒不忙，先让他进学校，哪有这么大的人不进学校的。"

原来所谓的给儿子安排好前程，就是张廷重安排张子静就读私塾课程，让一个上了年纪的老学究上门授课，讲的不是四书就是五经，迂腐杂冗，把人逼到泛着尘烟的旧时光里去。

张子静接受新教育的程度，远远不如姐姐张爱玲。这一切，黄逸梵是明白的，然而除了惋惜，要想在她心里在多掏出一丝涟漪，那也是不可能的了。

没有一种感情不是千疮百孔的，生活中处处有矛盾，有难以妥协的困扰，有人力难越的阻碍。对于张子静来说，残暴的父亲，促狭的继母，冷情的母亲，都是他人生历练的一个个障碍。张子静是想一鼓作气，背水一战，还是一蹶不振，兵败如山，那都是他的选择，他的命运。也许此刻，他也会觉得："母亲的家亦是不复柔和的了。"那么他就该觉悟了，漫漫人生路，所能依靠的，只有自己的双手和智慧，所能仰仗的，只有自己的勤奋与努力。

除此之外，别人的施予，哪怕是至亲，也是生命苍穹中的流星，要来，要去，留不住的匆匆忙忙，踉踉跄跄，没有预告，也无需演练。

抵不过细碎磨挫的爱

她们的离合，总像是一部被预先安排好剧本的戏码，要有轰轰烈烈、摧枯拉朽的开头，要有很强烈的情感变化，高潮迭起的起承转合，到了剧情落幕时，也要余韵悠长，叫人欲罢不能。

这样的人生，旁观者看得津津有味，心潮澎湃，一头扎入剧情里，跟着里面的人物喜怒哀乐，生死离别，体验到了自己不曾有过的精彩与撕心裂肺。

说起来，黄逸梵对张爱玲的出发点也是出于关心与担忧，朝夕相对的日子让美好的表象片片剥落，生活中诸多小矛盾、小摩擦像是一块肮脏的、褪色的橡皮擦，在现实的白纸上留下一道道污腻的擦痕，然后白纸不复原来的纯洁清白。黄逸梵也渐渐发现，张爱玲的缺点就像白纸上的黑色痕迹，叫人恍恍惚惚的烦恼，真真实实的厌倦。

张爱玲在《天才梦》中这样描述自己：

我发现我不会削苹果，经过艰苦的努力我才学会补袜子。

我怕上理发店，怕见客，怕给裁缝试衣裳。许多人尝试过教我
织绒线，可是没有一个成功。在一间房里住了两年，问我电铃
在哪儿我仍茫然。我天天乘黄包车上医院去打针，接连三个月，
仍然不认识那条路。总而言之，在社会的现实里，我等于一个
废物。

　　自嘲为废物的张爱玲在生活上表现出令人不解的笨拙，在
技能和自理能力上几乎是什么都不会的废材。

　　黄逸梵因此不得不花费大量时间与精力教她："学煮饭，用
肥皂粉洗衣服，练习走路姿势，学会看人的脸色，点灯后记得
拉帘子，照镜子研究面部表情，如果没有幽默天分千万别说笑
话等等。"

　　她为张爱玲笨手笨脚难过着，有一次在张爱玲生病的时候，
口不择言训斥她："我懊悔从前小心看护你的伤寒症，我宁愿看
你死，不愿看你活着处处让自己受苦。"

　　宴请客人吃饭时，餐桌前少了一张椅子，张爱玲自告奋勇
去找，整个寻找椅子的过程可以写成一部历险记。她起先差点
没有带倒一只站灯，拖拽的过程中将黄逸梵的仿毕卡索抽象画
制成的小地毯弄得乱七八糟。等张爱玲好不容易将椅子拱到过
道里，黄逸梵不可置信地看着她，在众人面前责骂："你这是干
什么？猪？"

　　这算是她教训张爱玲最疾言厉色的一次，挑剔，刁苛，尤
其懊恼张爱玲生活上的弱智。

　　黄逸梵一开始也耐心十足，努力维持贤母与益友的姿态，
想要一步步改造张爱玲成为心目中的淑女。而张爱玲起初也很

认真地照着母亲的意愿，努力改变自己，学着没话找话，想像其他母女那样与黄逸梵自在聊天、撒娇。但她不善辞令，黄逸梵对她的话题也没有兴趣，每次聊天都以沉默收场。黄逸梵的不耐烦在张爱玲的尴尬中越发明显，她不是个有耐心的人，张爱玲的努力成效也几乎为零。

尽管过后以一支妙笔写尽世情的张爱玲并不依靠做家务生存，但这时的她在黄逸梵的眼中却是无可救药的，张爱玲像个折了翼翅的天使，洁白的羽翼丈量不出黄逸梵爱的天空，深邃的、唯美的，同样也是遥不可及、高不可攀的。

撩开了朦胧优雅的面纱，生活满是疙疙瘩瘩、坑坑洼洼，面对女儿近似于白痴的生存能力，黄逸梵的爱，如同日暮时分的夕照，随着时间的流逝，慢慢消逝，不再热忱。

力求完美的人眼里容不下任何纰漏，黄逸梵就是"宁可抱香枝头死"，也不肯迁就处处存在的遗憾缺陷。更何况张爱玲的不足如此明显，简直是赤裸裸地站在阳光下任别人评头论足了。她的爱被磨出了密密麻麻的茬，尖尖锐锐的刺，扎破好不容易营建的温情薄膜，那里面的怨和恨，是挡也挡不住的，轰轰烈烈地奔泻而来。

张爱玲在黄逸梵的心中一天天枯零，黄逸梵在张爱玲心中，也一天天褪色，女神形象的倒塌不完全来自于生活里的小摩擦，金钱拮据也是重要的原因。

钱财宽裕时，黄逸梵行动潇洒、打扮光鲜，是不能看到她像普通人那样烦恼与困顿的。失去了金钱庇佑，女神也变得疲于奔命，没有了往日的光彩风度，嘴上虽然闭口不谈钱，没钱的苦恼却是真真实实的存在。柴米油盐发愁的日子慢慢腐蚀掉了光鲜的生活，巨大的落差引起了心态上的不平衡，恶劣的态度渐渐占据上风，破坏了母女间原本就微妙的、小心翼翼维系的感情。

张爱玲的日常开销花费不菲，黄逸梵感觉生活的压力日益增添，无奈之下，她只得给女儿两种选择："如果早早嫁人的话，那就不必要读书了，用学费装扮自己，如果要继续读书，就没有余钱来买衣服了。"

她忘了张爱玲是个极有自尊心的孩子，细腻敏感，对人情世故有着不凡的观察能力。张爱玲看见的黄逸梵，嘴上虽然说着没钱，身上依旧光鲜亮丽，每星期到固定的时间，必然要邀请客人上门来喝下午茶。这时的黄逸梵脾气又是非常好的，与平时冷漠暴躁的态度迥然两样，她一面收拾房子、插花、铺桌布，一面和客人有说有笑，谈笑间起伏的身躯仿佛娇弱的柳枝，风情万种在春风中。

满室宾客中的她穿得娇俏幽娴，这样更突出了因为选择读书，而打扮得灰头土脸的张爱玲的平凡。

这一切落在张爱玲的眼里，都成了可笑的嘲讽。她曾经以为母亲这儿是难得的净土，焕发圣洁清晰的光，却没想过，美好的东西经不得细细打量，只能远距离欣赏，脆弱得一触即破，更何况，她是发下雄心大愿，要全身心地依靠过来。

张爱玲心结暗生，黄逸梵是浑然不觉的，她的生活更多地在为自己绽放，这是她作为一个个体的自由。在当时跑马厅的绿草坪上，养着几只挤奶的白羊，羊奶的价格贵得咬手，黄逸梵每天定了一瓶，哪怕她也在抱怨："贵死了。"必要的滋补是不可蠲免的，她怕老，张爱玲也知道："她近来愈发美得惊人了。"

生活中零碎的事情处处磕磨着母女感情，亲密的时候，一分一秒都恨不得黏在一起，像双生的花枝，交颈接耳，难舍难分；厌恶的时候，怎么说怎么做就是不顺眼，两人恨不得掘地三尺，把那不顺眼深深埋葬，眼不见为净。

黄逸梵接受了张爱玲，她没有花钱另租寓所，小公寓里连张多余的床都摆不下，母女两人晚上挤了一张床。那床的弹簧褥子软得像水，张爱玲早晨起床后稍微一动，床上就掀起了阵阵波浪。无论怎样小心，总是把还在睡梦中的黄逸梵吵醒，她的眼皮褶子因为睡不够总是耷拉着，眉梢眼角也有了"秋意"。

黄逸梵对女儿的爱似乎缩水了很多，她的责任感有许多限制，比如自由与自我，那是决不能逾越的底线。她在自己和张爱玲之间划了道红线，张爱玲在线的那头痛苦着，她想跳下楼，让水泥地狠狠地摔自己一个嘴巴子。

但是，黄逸梵并没有察觉到她心态的变化，作为母亲，黄逸梵斤斤计较起来，会令葛朗台侧目，亦让高老头失色。女儿张爱玲去英国留学的事，起先她是赞同的，到了后来，她就有诸般不放心，开始计算得失了。她对张爱玲说："我在想着，你在英国要是遇见了什么人怎么办？"

尽管张爱玲一再申明自己不会谈恋爱，黄逸梵并不肯完全相信，她觉得张爱玲学钢琴这件事已经打过自己的嘴了。现在辩驳就是法庭上无用的证词，尽管她对谈恋爱的态度，就是："我们就是吃亏在太晚了"。

这样提过几次，张爱玲终于伤心不已，她心灰意冷地想："现在说不去的话，她会同意吗？"

张爱玲看不起自己，觉得钱都已经花了，这样说就是没有良心，而且黄逸梵造就了她，她还是想像白素贞那样，水漫了对头的金山，也要义无反顾地去报恩的。

然而黄逸梵并不需要张爱玲的报恩，她卖了一箱又一箱的古董珍宝。为了维持家里的开销动足了脑筋，她的付出，牺牲，也没有预备让张爱玲知道，她是不愿意亏欠别人，也不愿意总让别人惦记她的好。

变卖祖产总不是愉快的事，黄逸梵看着祖宗留下来的东西流水似的进了别人的箱笼，心里忽然觉得说不出的悲哀。那悲哀中又隐隐藏着恐惧——她曾那样痛恨张廷重不学无术，完全依靠挥霍祖产才能活下去。如今与他一比较，自己居然高尚不到哪里去，一样仰仗着祖产过日子，一样成箱的古董在手里变卖一空。

就算和男友维基斯做生意，那生意也是冷清惨淡，进得多，出得少，两个人都在坐吃山空。一步步滑向破产的边缘，黄逸梵为这项认知惊恐不安了，她对于钱财的敏感与吝啬与日俱增，于是张爱玲经常能在她脸上看到这样的神色——痛惜。

这样的神情先是出现在为张爱玲争取出国护照的日子里。因为时局动荡，出国避难的人实在太多，在上海一时办不了去英国的护照。黄逸梵绞尽脑汁，终于托了一个做大使的朋友（在《小团圆》中被称为毕大使）在四川办了下来。一张护照价值不菲，黄逸梵把护照交到张爱玲的手中，张爱玲听到她话音是轻快得意的，脸上却有着痛惜的模样，仿佛还在考量做这件事是否值得。

她记得黄逸梵手头紧得连买衣服的钱都凑不齐，还是为了她能考取英国伦敦大学，支付每小时五美金的补课费，请外教替她补习英语，每次付学费的时候，黄逸梵也是痛惜的表情，皱着眉头，仿佛痛苦深深根植于五脏六腑。

她还想起自己怕问黄逸梵拿坐公交车的钱，宁可走半个城，从越界筑路走到西青会补课，走得脚底发麻，磨出大大的水泡，只是为了避免看到黄逸梵眼里的痛惜神色。

张爱玲把心里的痛苦藏着掖着，不肯在黄逸梵面前表露。黄逸梵更加摸不到张爱玲思想的脉搏，在她的眼里，这个女儿不仅生活低能，而且性格也阴郁古怪，沉默寡言得可怕，全然没有一个十七八岁的女孩子该有的蓬勃朝气。她不由得要用赌气的眼光看她，语言上也愈加挑剔，她的挑剔又增加张爱玲心底的疑惑和惶恐。于是事情越变越糟，慢慢地，悄无声息地，母慈女孝的场面不复存在，亲情也一步一步走向毁灭的泥沼地。

1939 年夏，张爱玲以第一名的成绩考取了伦敦大学，但由于英国突发战事，张爱玲未能前往读书。一番考查衡量后，最后改去香港念书。

临走前，黄逸梵送张爱玲上船，分别的时候，没有上演聚散两依依的不舍场景，两人各自伸出手来，用英国似的礼仪互相握了一下，沉默半晌，也只有一句："走好。"

张爱玲等黄逸梵走后，扑倒在舱位上大声哭泣，"汽笛突然如雷贯耳，拉起回声来，充满了空间。"

黄逸梵给她遗下的岁月，竟是一片冷若冰霜的惨白。

这以后不久，黄逸梵也坐船去了美国与男友维基斯热情地汇合了。

黄逸梵：一生飘逸　一世梵唱

世上的事大概都是分久必合，合久必分的，亲极的人反而来不得半点怠慢，尘世如此冷漠，至亲之间都要寸步不让，争长论短，那么这人间又哪里来的港湾可供人栖息避难。在张爱玲的心目中，母亲的家，母亲的爱，于日常的琐屑中走了形变了样，不再是鸟语花香的世外桃源。在黄逸梵的心中，女儿也不再是天才，只是没有任何灵气的一根雕花房梁。

黄逸梵之于张爱玲，是站在帘子外的人与帘子外的人的关系，她们的血缘相通，思想相近，气质相仿，经历也可怕的相似。

只是那么多"约等于号"，并没有换来绝对的信任，原来最亲爱的人，都是这世上不同的风景，兀自美丽，独自绽放。

你笑，便让世界与你一起微笑，你哭，便独自躲着，一个人疗伤。

第六卷

相逢是首悲伤的歌，始于爱别于怨

　　也许只有阅尽了千帆，才知道岁月静好的可贵，也许望断了天涯，才珍惜咫尺的温度。闲花照影，看花的影子憔悴了谁的容颜，那番风情，纵有千般，也挽留不住，空遗惘然。

　　一生一世，说起来漫长，过起来各有各的惆怅。到了秋风渐起，花容凋零的时候，才知道时光不可辜负，磨难是宝贵的祝福。

　　没有永恒不变的容颜，没有一劳永逸的人生。我们在岁月刻意的涂描中，被任性涂抹掉的东西，是怎么找，也找不回来了的。

岁月已然芳华渐去

自古红颜如名将，不许人间见白头。

人们常说岁月如梭，光阴似箭。梭与箭都是利器，锐利无比，手起刀落间，多少如风往事被一刀斩落于烟雨风尘之中，又有多少如花容颜，被雕刻得风霜披面，青丝成白。

最先察觉岁月流痕的，一定是久别重逢的故人，离别前的模样刻在了脑海中，等时过境迁，久别重逢，才惊觉，那时的动人姿态，也会被如刀的岁月，一下下镂刻上了丝缕残忍。

1941年，美国珍珠港突然遭到日本空袭，暂居美国的黄逸梵和男友带着皮具生意辗转到了新加坡，此后黄逸梵一人取道印度至香港，顺路看望在港大读书的女儿张爱玲。

拥挤的人群里，张爱玲一眼瞥见了鹤立鸡群的黄逸梵，大伙儿都在甲板上挤得不可开交，她周围自觉隔出一块悄然肃穆的空气，因为黄逸梵老了。

　　黄逸梵也从张爱玲的眼神中读出了这样的信息，她脸上的皱纹由于注重保养的缘故，还是细小幼嫩的，怯生生地横在眼角处，欲语还休的样子。只是脸部的轮廓像是被岁月咬噬了一块，眼睛与嘴巴的部位稍稍发生了挪移，有种秋后肃杀的味道，而且还是临近日薄西山的晚霞，不再光彩明艳。

　　黄逸梵在美洲住了好几年，晒得黑黑的，当然显得更加瘦长，女人到了一定年龄，要是瘦得过分，就像是一个刷了黑漆的细颈瘦腰的木瓶，里里外外都显得没精打采。

　　这还不算，衰老只要开了个头，就悉悉索索的，然后没完没了，像燎原的星火烧得漫天遍地。

　　张爱玲眼里的黄逸梵，老得奇快，快得一闪而过，叫人抓不住时光的尾巴。一日，黄逸梵来校探望，张爱玲发现立在午后两三点阳光里的母亲憔悴且可怜。

　　彼时的黄逸梵心事重重，眉心处打了一个又一个死结，乍看上去似个突起的小肉疙瘩。她改变了原来飘逸的发型，"云鬓嵯峨，下面的头发朝里卷着，身上的衣着朴素得惊人，湖绿的麻布衬衫，白帆布的喇叭管长裤"。

　　她与打扮时髦的张茂渊携手一块儿站在了教室门口，张茂渊虽然不美，胜在脸色活泛鲜润，站在黄逸梵身边，越发衬得她肤色黯黄，双眸黯淡。

　　张爱玲和好友炎樱讨论母亲的长相，她向来以黄逸梵的容貌为审美标杆，就算后来和母亲多有恩怨，也总认为母亲长得很美，鲜少有人匹敌。

　　炎樱睃了黄逸梵几眼，给出的结论却是，不觉得黄逸梵有多漂亮，"像你母亲这类型的在香港很多"。

黄逸梵：一生飘逸　一世梵唱

　　她是没有看到黄逸梵年轻的时候，走在大街上绝对出类拔萃，美得很有侵略性，一把篦子似的，霍然间梳拢了人的眼光。

　　黄逸梵也知道自己憔悴得不像样子，刚开始到香港的时候，脸孔始终板拉着。她经常静默，日常生活中，紧紧抿着薄薄的嘴唇，不太喜欢说话，一说话就是对人或事妄加揣测的刻薄，喜怒无常得很。张爱玲和她说话都是小心翼翼地看着眼色行事，后来忍不住和炎樱提到了黄逸梵的古怪，不明就里的炎樱和她谈论："也许是更年期的缘故，但是也没有到那个岁数。"

　　张爱玲因此联想到黄逸梵此时的模样像劳伦斯的短篇小说《上流美妇人》中的女主角，不过女主角虽然已经六七十岁了，看上去仍是很年轻，并不是驻颜有术，是脸上骨架子生得好，经得起老。

　　在她和炎樱心里，黄逸梵是不该这么快老相的，她们都不能原谅她的美丽不告而别，觉得这么美的容貌在时间面前居然没有一点抵抗力。

　　以后黄逸梵和张爱玲去海边游泳，张爱玲和她并排走在沙滩上，不自觉地在心里评判黄逸梵的泳衣，白色的泳衣太鲜洁，过分的白反而让黄逸梵的肤色显得黯淡，而且人到了中年，胸部自然下垂，又不是珠圆玉润坠着，尖尖的，鸟喙似的朝下拱着，像手术后的义乳。

　　张爱玲纳闷着，从前看到黄逸梵在法国南部的海滩上拍的照片可不是这样的，照片里的人永远有很多衣服，"长侉，鹦哥绿织花毛线凉鞋遮住脚背"。

　　黄逸梵裹过脚，游泳前将棉花垫衬在白色橡胶底的鞋子中，这样显得鞋大些，腿笔直修长，像刨得光滑的，上了清水漆的两根木头。

最让人感到惊诧的是黄逸梵的潦倒，和张爱玲喝下午茶就穿着淡黄色的透明睡袍，也不修饰不化妆，素颜朝天，容色黯淡。有欧仆来敲门，她似乎忘了不合适的衣着，急急忙忙去开门，随后突然醒悟似的，两手叉住喉咙往后一缩，手臂挡着胸部。

张爱玲不能理解黄逸梵的举动，从来没有看见她这么不大方过，似乎她一憔悴，就全然没有章法，欧仆只不过开门送茶点而已，黄逸梵已经躲进了浴室。

张爱玲不能理解黄逸梵无名的憔悴，她把这种老归纳为衰老。她看母亲黄逸梵的眼睛，黑黑的，滚在了尘土中，蒙上了灰，不再发出熠熠的光。

其实就算敏感如她，细腻如她，也是不能明白的。摧毁一个人意志，改变一个人形貌的，有时不仅只有时间，还可以是感情。

黄逸梵的心情，谁又能料到，此刻正在黑暗里苦苦挣扎，她伸出枯藕似的手臂想要抓一把回应，却只抓了两手满满的空虚。黄逸梵的心从里到外结了厚厚一层伤疤，揭开那疤，里面长着无数只眼睛，只要轻轻眨一眨，齐刷刷地就流下了两行清透的眼泪。

她的憔悴，不是时间无情地雕刻，而是源于世事的无常，原来她与男友维基斯从欧洲一路逃难至新加坡，船刚停靠码头，日军便发动了惨无人道的空袭。

在军机震耳欲聋的轰鸣声中，整个场面如同人间炼狱，大火将海滩烧得绯红连天，机关枪的扫射声和炮弹落入海中发出的震天巨响，昭示了无情的血腥杀戮。

人们在毫无遮蔽的沙滩上惊惶狂奔，一个个鲜活的生命在枪声过后狰狞倒下。血，染红了海滩，也将近处的海水染成最惨烈的颜色，血腥味混合着海水咸湿的潮气弥漫在空中，经久不散。

一架敌机冲着黄逸梵俯冲而来，男友维基斯在这千钧一发的时刻，飞身扑倒了惊呆的黄逸梵，将她紧紧护在身下，猛烈的枪击声在她耳朵边扩散成尖锐的频率。黄逸梵感觉到背上湿漉漉的，鲜血濡湿了她，维基斯的体温正在一点点消失，然后再也不能温暖她悲恸哀绝的心。

她摸了一把自己的脸，上面潮湿一片，眼泪咬痛了她的手，这种疼痛，伴随她一路行至香港，像鬼祟的幽灵，每次都在午夜时分，最空虚、最寂寞的时候，尽力搅动了心脏。

她拥着被坐在床榻，月光是冷的、清的，让她想起维基斯没有生机的苍白脸庞。她的心被人用力揉搓着，挤压出无穷的苦涩，从薄弱的肠胃反刍到喉口，苦得她哽咽难忍，夜夜噩梦。

在梦里，她才能和维基斯再见一面，她还能看见他高挺的鼻梁，温柔的眼睛沉在夕照中，金色的睫毛在空气里飞舞着萤火虫的光，温柔得堪比天上最亮丽的星星。

她想起他温柔的笑脸，在她失意彷徨的时候，正如他们的相遇，美得不似真实，是为了救赎她的寂寞而来，又席卷了她的希望而去。

他温柔的呢喃，强而有力的拥抱，热情的亲吻，一切的一切，从此只能在记忆中寻觅。而记忆又是不可靠的，时间一长，就发霉，就陈旧，她害怕最后连记忆也要彻底抛弃了她。

她的孤单在此刻显得如此凄冷无助，如同一棵即将死去的树苗，头顶着炎炎的烈日，不发达的根系再也汲取不了土中一滴水分。她无法摆脱寸草不留的干旱，也无力走出脚下的方寸之地，那个日日给她浇水滋养的人也不再出现了。

眼泪是她唯一的奢侈，但她的眼泪也就这么多，流了许久许久，也就渐渐干涸了。而她的心痛还没有过去，她还沉浸在伤痛里不能自拔，她想让眼泪尽情冲刷那样的痛苦，日夜的乞讨，反而枯萎了美丽的容颜。

她是多么希望能找个肩膀痛痛快快地哭泣一场，让那些眼泪仔仔细细、认认真真地洗刷十万八千个毛孔里的悲伤。

至于那样的肩膀，能从哪里去找，她亦是无法可想，举目四顾，这踉踉跄跄走来的二十年，一路遇到的人不少，然而能给个肩膀适时倚靠的却是不多。

世界遍布了荒漠，漫天黄沙遮蔽了晴朗的天空。快乐就像是攥在别人手里的风筝线，飞得多高，飞得多远，全凭命运之风的兴趣，全在放风筝的人手里折腾。

自己，那是半点都做不得主的。

黄逸梵将维基斯的死讯告知张爱玲，张爱玲也是静默在了黄昏的霞霭中，没有只字片语的安慰，也没有发自内心的抚慰。

也许在她的想法中，这是黄逸梵该得的结局，她的凉薄与自我，被后人一厢情愿地认为是遗传了母亲的缘故。

但是后人也忽略了一点，这对母女，一生没有被阴鸷的世界伤害，也没有被蜚短流长的谣言击中，能让她们沦陷苦海的，只有爱情。

如同张爱玲之于胡兰成，如同黄逸梵之于维基斯。

一个女人，所能做到的极致，就是在爱里奉献出自己的所有，哪怕爱火热如焰，焚烧了飞翔的翅膀，哪怕情变成了毒刺，叫人遍体鳞伤血流成河，哪怕她要和全世界为敌，有了爱，生命才有继续下去的动力和意义。

白天不懂夜的黑

水晶诞生的初期，澄澈、透明，可以折射光的绚烂，里面包裹的絮状物是初生的热情——阳光亲热的吻痕，大地长久的温存，还有千万年来沧海桑田的遗恨。它总是美得晶莹剔透，一尘不染，只有青天白日的光才能赋予它如此纯美，一旦时间并入黑夜的轨道，它的光辉马上被黑暗吞并，也许也有挣扎着释放自己的时候，但那黑浓得强烈，一切反抗在它面前都是徒劳无功。

于是水晶哑然了，在它的身上，体现出了白天与黑夜不可调和的矛盾，白天总是需要奉献光与热，而黑夜，它只需要缄默，在缄默中沉沦。

白天不会懂得夜的默，夜也永远靠近不了白天的喧。

张爱玲走不进黄逸梵的世界，黄逸梵也没有想过要被女儿理解。她们的距离恰好隔了一个昼夜，东升西落的轨迹，找不到适当的交叉点。

黄逸梵在张爱玲的印象中，是各种英文小说中的人物，比如比比诺峨·卡瓦德剧本《漩涡》里的母亲弗洛润丝，或者小赫胥黎小说里的母亲玛丽·安柏蕾。

这些虚构的小说人物有着千差万别的生活模式，在感情上，她们倒是惊人一致：需要人喜欢。

而且是十分浓烈的，如同刚泡好的咖啡，冒着热气和香味，加了方糖和伴侣。

每个女性的心灵深处总有一块未被开垦的芳草地，等待他人来发现、探查，最后扎营安寨，无论这块芳草地隐蔽得有多深，多安全，在适当的时候，它就要芳草萋萋，春色满地，施展浑身解数引起过路人的注意。

孤身一人驻步香港的黄逸梵，被香港"乱花渐欲迷人眼"的声色生活吸引，失去爱侣的她倍加需要一段新的感情，只有"浅草才能没马蹄"，爱才能给失爱的心运功疗伤。

谁都说不清黄逸梵是怎样和那个英国军官相识的，也许冥冥中纵横交错的情缘太复杂，很容易撞出错误的轨道，也许只是为了证明黄逸梵对待感情的失言：和外国人谈过了恋爱，就不想再和中国人谈恋爱了。

她以为找到了幸福的第二春，然而不召自来的幸福有时候脆弱得像乱飞的泡沫，迷幻色彩是光天化日下的错觉，根本经不得实质接触。

拥有黑色头发、笑容饱满温馨像鲜石榴的英国军官，有一刹那被黄逸梵恍惚误认为是男友维基斯的帅小伙，直直闯入了她的感情世界。

仿佛流淌的泉水缓缓润过，躺在河滩上枯竭已久的卵石被再度躺回幸福的潮水之中。在黄逸梵的眼里，这个和她年龄差距不小的男人，既有着小男生的激情，又有着男人的稳健，更何况他还是个小有头衔的军人，总是令人爱慕，充满朝气和正义的。

黄逸梵：一生飘逸　一世梵唱

黄逸梵恋爱了，恋爱使她重复活力，再焕光彩，她像个小孩子炫耀玩具似的炫耀自己新的爱。以前的爱被藏得太好，后来想要和人一起回忆缅怀的时候，才发现别人根本不了解，连点谈资也没有，更无从描述失爱的苦楚。在批评者眼里，她简直是蠢蠢欲动的卖弄风情了，连女儿张爱玲也不能理解，"她只是要叫人喜欢她吧"。

这回，她是预备把爱展示给全世界看的，当然，心里不乏激动和得意，黑暗过去，爱情再度神祇般的降临心头了。

她喊张爱玲一起和她去海滩边游泳，预先做了绝妙的安排，在两人行将对海景失去兴趣时，她那英俊的英国小伙浮出了水面，"水里涌起一个人来，映在那青灰色的海面上，一瞥间异常清晰"。

在黄逸梵的心中，小男友从水里一跃而起的姿势无疑像战神阿瑞斯那样威风凛凛，锐不可当，是为了排遣她的寂寞和痛苦而来。

而在张爱玲眼中，这个外国男生却又是另一番景象，另一种眼光了："崛起的半截身子像匹白马，一撮黑头发黏贴在眉心，有些白毛额前拖着一撮黑鬃毛，有猥亵感。"

她心里的母亲居然很不入流，连带新交的男友也难以入她的法眼。一种要失去母亲的恐惧遍布脑海，尽管张爱玲自己也没有察觉，她和黄逸梵对感情有着同样强烈的占有欲，几乎不愿意让外人干涉。这以后她和胡兰成的爱情屡遭人诟病，她就如黄逸梵一样，面对世人的毁谤，冷眼，只横眉相视，从不妥协。

黄逸梵站起身像小伙子扬一扬手，告诉张爱玲："好，你回去吧。"

她就像一个刚找到嬉水乐趣的人，只身沉浸在爱河中，无暇招呼岸上来来往往的行人，爱是生命中永恒的主旋律，更何况黄逸梵学过音乐，她更要用罗曼蒂克的手法去弹奏爱情了。

她踏着过大的橡胶鞋一路淌着水过去，脚步在海浪的冲刷下不太稳健，海里有她的爱人等着他，这一回，她是付出更多的那个。因为失爱的恐惧，她总想牢牢抓住眼前的男人，她不惜跟风浪对抗，放低姿态，一步步走向爱情，走向爱人。

有人在爱情到来的时候，退避三舍，以保守的目光看待爱情，总是不信任爱的美好与甜蜜，在举棋不定中错失良缘。有人在爱情到来的时候，奋不顾身迎头赶上，并且取出事先准备好的绳索拴住它，就怕错失爱情，徒留遗憾。

其实爱情也需要一点空间和想象，正如一首歌中唱的：放爱一条生路。

预设得越美好，就越容易让人失望，可是我们不能指责黄逸梵多情滥爱，女人本来就是水做的，容易让爱的洪水在心底泛滥成灾。恋爱中的女人总是柔情万种，努力逐爱的精神也总令人感动不已。

毕竟，不是每个人都愿意把爱情放在一生中最重要的位置，想爱的女人，也不会真的冷酷到哪里去。

黄逸梵踏着风浪来到男友身前，她脚底下涌流的波浪，一半来自大自然的威力，现实中的巨浪，却是被那个小男友一手掀起了。

和英国男友约会后不久，黄逸梵被莫名其妙地请进了警察局，她放在旅馆里的随身物品也被搜查过，而且不止一次，箱子被翻得底朝天，与亲朋好友互通的信件也被一一拆开查阅。

她后来才知道是英国小男友搞得鬼，这个热情的小伙子对待工作更加热情，觉得黄逸梵是共产党派过来的间谍才刻意接近她，还自以为抓住了黄逸梵的把柄，去警察局告了密。

这出接近于闹剧的"美男计"让黄逸梵异常难堪，然而更令她难堪的是，在她被警察局收审关押的那几天，尽管向同在香港的毕大使发出求援信号，希望得到他的证实，证明她是路过香港的无辜公民，毕大使却袖手旁观，没有施以必要的援手。

黄逸梵像是个独自闯入沙漠的旅客，在她以为的一片郁郁葱葱的沙棘树和弯弯的月牙泉能够救命时，奔到跟前，才发现是一伸手就触破的幻境。她前面的爱来无影去无踪，风卷黄沙留下磨砺的疼痛，这一次的爱，灼热伤人，在疲惫的足履下烫出了深浅不一的伤疤。

正是因为对待感情的专心一致，她才在军官男友的怀抱中无法给毕大使抛去桃花枝。这位为了追随她的脚步、从内地远道赶来的追求者被黄逸梵婉言谢绝了，她甚至搬出了好友项八小姐作为挡箭牌。

后来，有不少人都指责黄逸梵滥情，这样的指责明显带有偏见，比带着有色眼镜看人还可怕。黄逸梵对待感情的态度向来简单明了，爱的时候就是全身心地投入，只待一段感情结束，她才肯另外挖掘爱的河流，这也是她爱情唯一性的体现，爱是多样的，没有一种可以具象化，标准化。

半个世纪忽忽过去，我们纵然对她的情感生活费尽口舌大加挞伐，她也只在那个年代光润如珠，莹白的珍珠也许会在历史冲刷中泛出微微的黄色，却掩盖不了倾国倾城的风姿。

我们只需顺着这颗珍珠的光泽，一路采撷它形成的故事即可，传奇终究是传奇，故事怎么在后人舌尖流转，传奇依旧不会褪色。

及至黄逸梵认清了英国军官的真面目后，再想起毕大使时也已经晚了。一次聚会上，项八小姐含羞带怯地告诉黄逸梵，她已经决定和毕大使谈婚论嫁了。

黄逸梵嘴角带笑恭喜项八小姐有情人终成眷属，心里咯噔一下，仿佛有什么东西碎掉了。

她不能在项八小姐面前表现出不愉快。尽管有一次，她和张爱玲在街上碰到了项八小姐和毕大使，她的表情是那么不自然，脸上的笑容也接近于尴尬。

项八小姐当着她们母女的面给毕大使整理领带，关于毕大使，他真实地存在于张爱玲自传体小说《小团圆》中。在小说里，毕大使是个六七十岁的外交官，对于仪表十分重视，身上散发出与年龄相匹配的稳重和成熟。至于具体的身世资料，我们已经无从考证，带着神秘光环的人才能引起世人的好奇心，我们尽可以想象他是个风度翩翩、有礼有仪的出色男子。

大概觉得当着黄逸梵的面和项八小姐亲密不是很得体，毕大使的脸上没有半点笑容。黄逸梵对着这尴尬场景，只得装作没看见，扭过头去看橱窗的玻璃，"这一刹那，她是非常美的，有一种含情脉脉的神气"。

或许一遇到爱情命题，黄逸梵的冷静和理智就会失去了效应。从小失去亲生父母的庇佑，她的内心极度缺乏安全的，对金钱的安全感、对亲情的安全感、对爱情的安全感，这些她都极度缺失。

所以她把自己的个性打造成接近于自卫的性格，她专注于自我感受，有时候和外界失去联系。她是孤僻、冷清、幽涩的洁癖性格，在金钱上，会不自觉地逃避；在亲情上，有着冰与火的矛盾；在爱情上，又会显出不合适的单纯。

纵然和不少男人打过交道，她和异性的交往还是相当简单的。只要爱了，或者接收到别人的暗示，就不管不顾，火成了衫，焰化成衣，裹在身上，以决然的姿态扑了过去，也不管他人的看法，更不需要褒扬称颂。在感情上，她有着舍生取义的倾向，只要能给她爱与温暖的人，待她好些的人，她都偏执得不肯放手。

这是她可爱的地方，也是别人不能原谅她的地方。

黄逸梵在此次香港之行前，失去了爱人维基斯；香港之行中，又在爱情上两次失手，心情可想而知是多么烦躁郁闷了。

她任性处置心里的坏情绪，城池失火殃及到的池鱼当然又是张爱玲了，忽冷忽热的脾气慢慢地消磨了张爱玲的热情。张爱玲以后写的自传体小说中，几乎是用嘲讽的语气批判母亲在香港的爱情遭遇。

年轻气盛的她不懂黄逸梵在感情上的自甘堕落，即使后来有了和胡兰成恋爱的经历，她自以为自己的爱才经得起时间的考验、苛刻的审视，只是到了晚年落魄时光，才觉悟黄逸梵也是懂得爱的。

领悟来临得太迟了，我们大概只能怪天意弄人了。

黑夜笼盖了万籁俱寂的大地，据说，黎明前是夜最黑、最

浓的 ，就算鸡鸣啼了三遍，也唤不醒沉睡的暗夜。

晨曦总算姗姗而来，它是真的想接近黑夜，给它一点光明的补偿，可当它的跫音才在东方这头响起，黑夜的衣袂已经在西方的那头，一闪而过，迅速消失。

阴阳总是交错，白天所以不懂夜的黑。

残忍是朵两生花

谁也说不清，黄逸梵和张爱玲的关系是什么时候坏到无可救药的，即使最恶劣的时候，她们对待对方也是谨小慎微客气着的。

她们的感情如同好端端的一方蓝天，本来蓝得彻底，没有一粒渣子。忽而飘来了一片乌云，扎染了纯净的天空，忽而又来了一群归雁，灰黑的翅膀细细割开完整的天，忽而那空中刮起猛烈的飓风，震天动地。不要说干净的蓝色，就是要想得到片刻的平静也成了种奢侈。

黄逸梵的香港之行，给张爱玲的母女亲情埋下了沉重的败笔。本来，黄逸梵和张爱玲是河水不犯井水，各自管辖一片水域，然而黄逸梵回到了香港，带来了丰沛的水源，她的水，是硬的、冷的、咸的，同张爱玲的翻着热气的温泉截然不同，一泓冰水横冲直撞，剿灭了温泉的热情。

于是张爱玲的温泉水冷却了，再也不见热情似火的温度，温暖不了自己，也没有办法再放心地温暖别人。

她的冷漠与孤傲，很大一部分是黄逸梵亲手塑造。谁是谁非，后人议论纷纷，无从定论。只明白，两个都属于传奇的女子，真真切切地在人生的舞台上演绎了一场相爱相杀的戏码，那落幕后的注脚，引得无数人遐想，欷歔。

黄逸梵是料想不到的，她给张爱玲的伤害始终围着金钱打转，金钱成了妨碍她们感情的魔障。

张爱玲来到香港后，凭着聪明与刻苦，成为各科学习的翘楚，深受教授们的喜爱。这其中又有一个叫弗朗士的讲师格外厚爱她，知道她申请过的奖学金没拿到，竟自掏腰包，包了八百块作为奖金奖励给张爱玲，并鼓励她："明年如果能继续保持这样的成绩，一定能拿到全部免费的奖学金。"

张爱玲揣着这笔钱款，迫不及待地要给黄逸梵知道。她的心情是骄傲且煎熬的，黄逸梵像是观音水净瓶里的杨柳枝，轻轻在她身上洒些甘露，就普度了她枯寂的生命。但更多的时候，她是如来佛祖手里的紧箍咒，给了她压力与一路西行的动力。这一路，张爱玲的心变成无数彩旗，新旌飘摇，在半空中昂首招展。到了浅水湾，黄逸梵便看到一个春风满面的孩子——张爱玲。

黄逸梵听了张爱玲语无伦次的汇报，又见她拿出一封信，信中的话语把张爱玲大大地称赞了一番，邮包裹住的钱搁上了桌，像块洗衣服的黄肥皂。

黄逸梵很用心地看了弗朗士的回信，不好意思地笑着说："这怎么能拿人家的钱呢，要还给他的哦。"

她疑心张爱玲和那个弗朗士讲师有私情，这钱来路不明，像是女儿的卖身钱。

到她心里，整件事完全变了味道，本是充满母性的关爱，这样说出来便显得腌臜不堪了。谁叫她是个清高的女子，什么事都高看自己一眼，要将其他女人比较下去。这种冷僻乖戾的性格，有时候亲疏不分，竟连最亲的女儿，她也没头没脑给一脚踩到了尘埃里去。

张爱玲急得再三辩解："除了上课根本没有任何往来。何况他也不喜欢我。"

黄逸梵听了没有作声，半晌才咕哝着让张爱玲把钱搁那儿再说。

由一场误解引起的毛毛细雨似乎过去了，更大的风雷却还在乌云里酿造，隐隐的滚雷已响彻在命运深处，只等惊天一个霹雳，给她们划出一条天堑鸿沟来。

过了几天，张爱玲再到黄逸梵身边去，终于不见了那条肥皂一样的邮包。正巧黄逸梵的牌友也在，取笑她昨天晚上输了不少的钱，黄逸梵轻声支开，说到其他地方去。她的牌友隔一会儿旧话重提，说到输钱的数目，不多不少——恰好是八百块。

张爱玲听到这个数字，感觉耳朵木木的，只觉得"造化小儿"或者"造化弄人"，叫她哭笑不得。

她向黄逸梵告了别，临走时，黄逸梵看了她一眼，欲言还休，却始终没有再提还八百元的事。

张爱玲在回去的路上再三回味，觉得有什么事情就这样结束了："是她自己做的决定，不过知道完了，一条很长的路走到了尽头。"

一条很长很长的路走到尽头了，黄逸梵和张爱玲以母女的身份一路走来，张爱玲耳聋目盲，在路上跌跌撞撞，擦出了无数的伤痕与悲伤，黄逸梵是引她走路的人，递来的却是一根拐杖。她不习惯牵着别人的手并肩而行，独立意识太强的她，很容易被路边的景色吸引过去的。花的开落，水的跌宕，山岚的变幻，云的飘荡，她要经历的风景实在太多，而她又分身无术，照顾身后的盲人成了整条路上最大的难题。

黄逸梵对待张爱玲也是费了些心思的，那心思蜻蜓点水般，只做短暂的停留。然后，路还是那条路，人还是那些人，却渐行渐远，渐无声，再渐渐迷失。

也许她们只适合做朋友，而不是母女。

心里一旦有了隔膜，再回首以前的事，桩桩件件就都褪去了葳蕤的绿色。

黄逸梵此行来到香港时，手里有了张茂渊卖掉三条弄堂还的钱，出入高档酒店，有朋友的轿车接送，生活自是安然惬意。

与之形成对比的是张爱玲窘困的求学环境，因为要省住宿钱，张爱玲整个夏天都借宿在食宿免费的修道院里。一次黄逸梵来看她，照管张爱玲的亨利嬷嬷询问黄逸梵的住址，黄逸梵随口说到浅水湾酒店，这让张爱玲感到奇窘，"知道那是香港最贵的旅馆，自己倒会装穷，白占修道院的便宜。"

水能载舟亦能覆舟，张爱玲对黄逸梵的爱有多深，决绝起来的恨也就有多沉。

要想爱他人，首先要学会爱自己，黄逸梵的一生，从某种层面上来说，始终没有好好地完全爱过一个人。别说是亲情，就算在爱情上，她也是需要爱远胜过付出爱的，她对自己的爱并不完整，当然也就不能完整地去爱别人。

幼时和婚后不愉快的经历终究给她一生造成难以平复的伤痕，那些伤疤深深盘固在灵魂中，凝结成冰，僵硬了她的心，哪怕春风再盛，也开不出她内心的十里桃花。

　　而这一点，她恐怕并不清楚，当局者永远不会清醒地意识到自身的错误，或者那错误本身就已经是灵魂的一部分，牵一发而动全身，已经没有办法将之连根拔除了。

　　当然，因为这件小事令她失去了女儿张爱玲的爱，对她的幻想和所有的崇拜，这一点，她是无论如何也料不到的。

　　伤害总是固执地继续着，伤透了的人已经感受不到噬心的疼痛，最开始彻骨的痛已经过去了，现在就只剩下自我麻痹，血也许还在流，但那又怎样，没有人在意的伤口，就只能等着腐蚀成森森的白骨。

　　黄逸梵决定要离开香港，再回英国去。出发前，她一个人整理着行李，张爱玲恰巧来看她，她忙得上蹿下跳。张爱玲在旁边递递拿拿，插不上手，索性坐在一边不动手。

　　黄逸梵却在这时懊恼了，叫张爱玲过来帮她的忙。她要把缝纫机打包，捆上绳子，叫张爱玲捺住旁边的结，两个人都忙得一身热汗，才把小牛似的缝纫机放翻在地。

　　过后黄逸梵叫张爱玲："你这两天少来两趟吧。"

　　她要准备出国事宜，挤不出多余的时间招待张爱玲，她的任性时时刻刻都在伤着人，伤了人的人却还没有意识到这一点。

　　动身那天，张爱玲冒着大雨走到浅水湾，看到站在汽车前的黄逸梵被一大群人簇拥着。大家围在一起咕咕呱呱说说笑笑，唯独张爱玲像个看热闹的陌生人，铜墙铁壁的寒暄中，她是插不进去的一根针。

　　黄逸梵从人堆里探身向车窗外向她道别，用的依旧是不耐烦的口吻："好了，你回去吧。"

　　张爱玲微笑着，等着车子开走，水花一直溅到她身上，溅到她眼中，溅到她心里。

她的心彻底冷了。

这世上曾有两个人给了张爱玲极度的痛苦，甚至让她一度想要去自杀，一个是胡兰成，另一个则是黄逸梵。

在张爱玲看来，父亲张廷重的殴打只给她带来了皮肉伤，伤痛过后自会结疤，时间长了也就慢慢淡化掉。爱人胡兰成造成的伤虽然一度有着致命的危险，但她也曾想过去厨房里拿一把薄薄的菜刀，照着他的后背一刀劈下去，两败俱伤是最好的解决途径。

这些伤害都是有名无实的，至少还有治疗的机会，唯有黄逸梵给的伤害，让她连反抗的力气也没有的。

黄逸梵左一刀又一刀，无心之间，在张爱玲的心里砍出了一条血路，砍得她片甲不留，一个人影也瞧不见。

这个时候，她们的关系已经渐渐合上了眼，就是最急切的呼唤声，也唤不醒沉疴不愈的心结。

这世上最可叹的事是我爱你，你却不爱我；最可悲的事是我爱你，你却不知道。

黄逸梵以母亲的心爱着张爱玲，只是那爱太过透明，一闪眼就与空气相互混淆，张爱玲看到的永远是天空中的一片空白，那爱，她却是一直没有感受过。

于是那个时候，她就认为黄逸梵不再爱自己了，于是这种遗憾，无论岁月如何卖力地修补，都深深地刻在了彼此的心头，再也没有消失过。

残忍原是朵两生的花朵，互相攀附又互相伤害，这是宿命的梵唱，并没有人能给出正确的结局。

无处安放的情债

红尘俗世，入世的人都逃不过情字纠缠，就算性灵如黄逸梵，就算慧敏如张爱玲，在擦肩而过的时光中，也没有办法保全亲情。她们都是游荡在世间的孤魂，一生觅情，一生交错，一生都没有找到幸福正确的提取方式。

我们只能哀怨黄逸梵的遭遇，但谁叫这种情感的分裂，也是构成传说的一部分呢？幸而最后她能够豁然省悟，最后用行动来证明自己也是懂爱的人。人生不争朝与夕，究竟是有了这份磨砺，才打造出黄逸梵圆融的风度与不朽的篇幅。

1945 年，身在美国的黄逸梵接到了来自中国大陆的一封信，是张家的亲亲眷眷集体递告的状纸。原来张爱玲在几篇小说中，以他们的故事为原型，极尽所能挖苦讽刺，嘲笑他们腐化堕落的生活。

信的末尾，他们又透露了张爱玲与汉奸胡兰成交往的事情。这封信像块大石头，豁然打破了黄逸梵平静的生活，还没有来得及好好整理行头，黄逸梵便风风火火赶回了中国。

大上海热闹喧天的码头上，她被前来接船的亲戚一拥而上，每一个人脸上都带着得意的神色，就巴望着黄逸梵能好好替他们出口胸中的恶气。黄逸梵是张爱玲仙子式的教母，张爱玲也最怕她的母亲了，这好像已经成了不是秘密的秘密，偷偷摸摸在家族中传开了许久。

人群中的张爱玲自然靠后站着，把身前的舅舅当成了挡箭牌，但是依旧没有躲开黄逸梵鹰隼似的眼睛。在黄逸梵的示意下，张爱玲羞怯怯地上前走了两步，微笑着轻声打了个招呼。黄逸梵只"嗯"了一下，掸眼看她一眼，脸色十分严厉，严厉中又带着种痛惜。

如果你以为黄逸梵这次专门为亲戚们的告状而专程返回，那就大错特错了。在女儿和旁人之间，黄逸梵还是会自觉充当保护者的角色，替张爱玲挡去一切流短蜚长的伤害。回到张茂渊寓所的黄逸梵连提都没提舅舅家告状的话，她劈头问的第一句话就是："那个胡兰成，你现在还在等他吗？"

张爱玲笑了笑，幽幽地回答道："他走了，他走了当然完了。"

黄逸梵这才如蒙大赦一样地松了口气，她这样防贼似的举动，在当时还深爱着胡兰成的张爱玲看来，却是完全没有道理的。张爱玲忽然想起当初港大因为战事被迫关门的时候，自己准备回上海专心写作，赚取生活费用，黄逸梵的来信却给她一盆冷水，骂她是"井底之蛙"。

黄逸梵的态度，时时刻刻都像监狱中的防暴警察，对她总是一百个戒备森严，又一百个侧目而视。

然而黄逸梵这次真的蒙受了不白之冤，她心里并没有这样的想法，得知女儿与一个大汉奸交往时，无数波涛前赴后继地在她的心里翻腾滚流。张爱玲虽然写尽人间爱情，但那只是纸上谈兵，爱情真正来临时，她青涩得像才走出茅庐，没有上过一天的爱情补习课的实习生。

黄逸梵是深知张爱玲的秉性的，她从张爱玲奇拙无比的生活能力上怀疑张爱玲处理感情的技巧。她看到了女儿沉默寡言下的倔强和痴傻，不得不担心一旦深陷在感情深窝里，张爱玲就难以自救。

我们说，母女有时候会在某一方面特别的相似，例如对待爱情，黄逸梵和张爱玲的态度如出一辙，爱起来简直要忘记呼吸，笨起来也会格外掏心掏肺。

黄逸梵不希望张爱玲重蹈她的前车之覆，醒悟总是来得太晚，直到临近知命之年，她才终于看穿了身边围绕的那些狂蜂浪蝶的真面目。

领悟似乎来得晚了些，带着阵阵叹息，黄逸梵年纪大了，还能有如此困扰，张爱玲年轻不更事，在这之前又从来没有吃过感情的苦头，她的不放心就显得理所当然了。

或者黄逸梵也是明白张爱玲的爱情的，一投入进去就浑然忘我，全身心牺牲，像飞蛾、像落叶、像飞雪，只要以壮烈的姿态飞扑过去就行了，管它明天的太阳到底是圆是方，爱就要爱得血流漂杵，这样的爱人方式怎么不叫人心惊胆战？黄逸梵指望张爱玲能够远离这场颠倒红尘的、没有出路的恋爱，她以一颗饱经风霜的心看待另一颗在爱情中压迫得瘦骨嶙峋的心，那一刻，是源自同源的惺惺相惜，红尘里的顾影自怜。

以一颗女人的心，去感受另一个女人的心。

但是张爱玲却不知道的，她既然"身无彩凤双飞翼"，自然也不会和黄逸梵"心有灵犀一点通"，在她看来，就算是一场误会，她和黄逸梵的一场亲情也磕磕绊绊走到了峭壁。

"胡兰成事件"就算遮掩过去了，黄逸梵忽然感到张爱玲对自己日渐生疏，很多时候，有什么话只和张茂渊躲在一边窃窃私语，她就像个陌生人，扎撒了两只手在一边看心酸的热闹。

这之后，张爱玲又和上海滩上的一个名叫桑弧的导演谈起了恋爱，她将此事第一个告知给了张茂渊，黄逸梵知道这件事的时候，张爱玲和桑弧的关系已经难舍难分，如漆似胶了。

不可抑制的愤怒爬上了黄逸梵的心头，对于这种愤怒，黄逸梵选择了另类的发泄方式，她认为夺取女儿注意力的元凶是那个叫桑弧的男人，并且桑弧对自己也好不尊重。

黄逸梵叫了一个裁缝来给她做旗袍，她的身量很适合穿旗袍，年轻时在巴黎的社交圈里也每每用旗袍惊艳了众人，这回故伎重施，算是为女儿争口气，也是为自己长把脸。

后来桑弧来家里做客，黄逸梵像个赌气的孩子，把客厅的门轰然推开又关上，引得两个人都惊诧万分，待在那里不知如何是好。

她这时像极了气急败坏的孩子，心爱的玩具被人抢走了，心里便万分不舍不痛快，原是她的爱带有霸道性的，更何况张爱玲一下子长大的事实令她回不了神。在黄逸梵眼里，张爱玲还是那个羞羞涩涩、脸上总带着朦胧的光的女孩儿呢。

对张爱玲的不信任还表现在怀疑她失了贞，一天晚上张爱玲独自洗澡，黄逸梵找了个借口闯入浴室，像 X 光将张爱玲浑身打量，然后才放心地走出去。

张爱玲孤身留在浴室里，整个人气得浑身发抖，她的人格被深深侮辱，她知道黄逸梵那一眼的意思。

她忽然想起黄逸梵在饭桌上提起的禁论，她是这样新派的人，却不允许人说"碰"字，一定要说"遇见"什么人，不能说"碰见"，"快活"也不能说。后来看了《水浒》才知道，"快活"是性的代名词，"干"字当然也是忌讳，还有"坏"字，不能说"气坏了""吓坏了"，这些大概都是和处女"坏了身体有关"。

黄逸梵对张爱玲的爱是严厉的，时时刻刻以完美的标准打造张爱玲，不仅是思想上的、生活中的，身体也必须贞洁如玉，不失操守。

黄逸梵既然检查过张爱玲体格，又抽查了她与桑弧的关系，知道他们的爱情是"互相敬重"式的，对桑弧的印象从开始的防备渐渐转为好感，不过她始终认为桑弧"长得太漂亮了些"，为人世故圆滑、高不可攀。

张爱玲一路过五关斩六将，终于赢得了黄逸梵对这段恋情的认可，但她的心已经冰冻三尺厚，只等一个合适的时机，就要把凛冽的寒流倒回黄逸梵心上。

午后的阳光已有了三分的慵懒，燕子的呢喃碎在了风中，啾啾间春意也失去颜色，面对张爱玲突然递过来的二两金条，黄逸梵手足无措地站在原地，她的胸口突然生出无数的倒刺，一遍遍抽打她痛不可遏的心脏。

这二两金子是张爱玲这些年来努力写稿、省吃俭用攒下来的，其中还有胡兰成的倾囊相助，张爱玲都用来换成金条还黄逸梵的人情，在她心里，母女感情被放在秤杆上准确称量过了，小小的窄窄的一根金条，不多不少，刚好只值二两。

被裹在手帕里的小金条塞进了黄逸梵的手中，望着目光飘忽清冷、脸上微笑洋溢的女儿，黄逸梵终忍不住失声痛哭，她是这么说的：

我因为在一起的时候少，所以见了面总是说你，也是没想到那次一块儿会住那么久——根本不行的。那时候因为不晓得欧战打得起来打不起来，不然你早走了……就算我不过是待你好过的人，你也不必要对我这样，虎毒还不食儿呢。

她在万分狼狈的时候，随口给自己抓一根救命的稻草："我的那些事，都是他们逼我的。"

意思是恋爱谈多了，男人们都逼着她忘记骨肉亲情。

这时候，时间一分一秒过去，从前的事凝化成恶劣化石，把她们冻结在里面，她们都是白色大理石雕成的塑像，能叫人闻得到粉笔干涩的气味。

黄逸梵终于开始检讨自己，她给的爱太干燥，还且粗糙得经不起人心的检阅，她一生都讨厌"弄坏了"这个词，可这回，亲情在她手里，真的结结实实地被"弄坏了""搞砸了"。

真是可惜，一开始的那段时间，黄逸梵对待女儿还是友善亲密的，她也曾悉心呵护受伤的张爱玲，给了她安定的生活，实现了她读书的愿望。这些都是不能抹杀掉的善意，张爱玲也正是因为有了黄逸梵的庇护，才感受到了家的温暖，那时，她是有了依归、有了被重视的感觉的。

然而，黄逸梵却总是把亲情看得太过高深，一心希望孩子或者丈夫能按照自己的意愿展开生活，她几乎把想法强加在亲人身上，要求他们的行为甚至是思维都要和她同轨，不能有一丝偏差。她的思想中只有完美和完全的生活标本，不曾料到，这个世界都是缺陷的，更何况不是圣人的凡人。她对身边的人异常苛刻挑剔，越是亲密，越是不懂得宽恕，这样的行为势必引起他人发自内心的反弹，于是好心变成敌意，好事变为坏事。

或者黄逸梵此刻才明白。

她放下了姿态，真实地检讨了一回，却并没有得到张爱玲的原谅，也没有羽化成仙，她的眼泪无法解冻张爱玲冰冷的、沉甸甸的心。

张爱玲看着不断拭泪的黄逸梵，站在光线异常灰暗的黄昏中，毫无反应。她听见有一个声音在心里对自己说："不拿也就是这样，别的没有了。"

她觉得时间是站在自己这边的，自己还年轻得很，有的是精力，有的是精彩，这次和黄逸梵的两两对决，她胜之不武，没有任何公平之处。

"反正你自己将来也没有好下场。"她说。

起初没有觉得是在还黄逸梵的情与债，然而两人生分了那么多时候，便不是债不是欠，也变成了债，变成了欠。

后来的时间，终于给她们各自开出了证明，两人都不是感情上的大赢家。深情被秘藏于几十尺深的地下，待到后人开箱验取石榴裙，缤纷的色泽一接触到世事的空气，便瞬间碎化了。

两两相望，两两相怨

黄逸梵一旦想要改变和张爱玲的僵局，她就开始着手行动。

要将一块千年寒冰化开是什么样的体会呢？她是怀着扫除万难的壮志来到百丈寒原中的，她带着怀柔的火种，烘烤融解脚下的冷冰，看着雪白硬透的冰慢慢溶出纯净的泪水来，她因此又提升了信心，更加卖力地煽动手中的火焰，臆想冰层化开后，这块地方将树木葱茏，花香袅袅。然而眼前的冰原足有几十丈的厚度，她的火种抵不过冰透的冷，那火花在跳跃中嘶鸣，挣扎，太冷了，它的温度暖和不了庞大的坚硬。

火光终于熄灭了，一缕黯然神伤的青烟飘在冰原上空，随风乱卷，很快它就渗透进青色的天空，再想觅到它的踪迹，只有向记忆或者梦境伸手。

自从张爱玲有意无意地表现出冷漠后，黄逸梵觉得有必要和她好好沟通交流，她请张爱玲喝下午茶，在小圆桌旁吃着蛋糕，黄逸梵闲谈了两句，便把话题引到张爱玲身上："我看你还不是那十分丑怪的样子，我只要你答应我一件事，不要把你自己关起来。"

这时，她已察觉到张爱玲异于常人的冷漠，把心门用三道封条闭得紧紧实实，外面的人进不来，里面的她也不想出去，狠狠隔断了一个世界的喧嚣。就连身为母亲的她也不能例外，半只脚进了门又被无情地轰赶出去，她站在门外干着急。

这样絮絮叨叨说了几句，见张爱玲没有丝毫反应，黄逸梵觉得拉不下脸，好像她光说不做，腰不疼似的，她自言自语说道："从前那时候倒是还有不少人，刚巧这时候一个也没有。"

她又何尝不着急呢，唯一的女儿的婚姻大事，她挑拣着，操着心，尽管也知道这时自己是一点主也做不了的。

黄逸梵在一边火急火燎的，张爱玲却自觉没有替她做媒的危险，现在的风向标早已发生了变化，她站在了上风，侥幸取胜也算是胜券在握了。

不要说张爱玲的冷淡，黄逸梵也觉得这样的谈话起不到任何作用，这时她终于六神无主起来，与女儿僵硬的关系搅得她好不心烦。她希望全方位解读女儿情绪，面面俱到，好弥补以往不在她身边造成的缺憾。现在每次和张爱玲说话，她都想着法子小心翼翼，张爱玲要是肯多和她说两句体已话，她就先欣喜若狂起来，像在路上莫名地捡到难得的宝贝。

只是张爱玲待她算不上冷漠，那客气更像是天边的卷云，勾勾转转，薄透了的，叫人一眼能看穿它身后深蓝色的疏离。

黄逸梵无法可想，只好另觅沟通渠道，她特意买了一枚别针送给张爱玲，是"白色珐蓝跑狗"，在张爱玲眼里，幼稚得像是小女生的爱好。张爱玲婉言拒绝了这只别针，黄逸梵叫她自己去换，张爱玲换了一副球形赤铜蔷薇耳坠子，和黄逸梵的眼光迥然不同。

黄逸梵也没说什么，换作以前肯定一顿唠叨，那么奇形怪状的耳饰，她希望女儿的英伦式的淑女风范在奇装异服中渐渐落空了。

闲暇得空时，她邀请张爱玲喝了几次下午茶。晚上应酬比较多，她很少和张爱玲共用晚餐，休闲的午后时光，是她难得与张爱玲谈心聊天的机会。黄逸梵抓住时机，每次都冲一杯瑞士货的奶粉，据说十分滋补，又开冰箱拿出精致的糕点来装碟子。

美食和滋补品似乎是联络感情最适用的工具，然而未必全都有用。她们的谈话通常是有一句没一句的，剃头担子一头热，也聊不出个所以然来，黄逸梵问得比较多，张爱玲听得漫不经心，这样的情况在偶尔相聚的晚餐时也会发生，黄逸梵总是十分生气："我讲的话你总归是没有兴趣听的。"

一种控制不了事态发展的无力感席卷了黄逸梵全身，很多时候世事就像火焰，你希望它慢热浅燃，它们就不温不火释放光热。在你身旁，给你零星的温度，噼啪四溅的火星也能偶尔驱散心头的寂寞，你看见了也不会想要掸开它或者躲避。它也就在那边温温吞吞的，互不相干，也不会离得太远。待你觉得有些寒意，捡来许多柴禾，讨好似的将之堆成高高的柴垛，那火受不了突如其来的挤迫，渺小的光焰勉强跳动几下，你就会惊异于它居然这么快就熄灭了。

凡事欲速则不达，黄逸梵对于张爱玲的心情，大概总想尽快解除隔阂为好，张爱玲却坐在冰窟中，她需要慢火开化，太过于热情，反而使她怀疑对方的居心。毕竟她现在已经在上海文坛上闯出了点名气，谁知道那些想要接近她的人怀着怎样的心思，包括黄逸梵，她的改变，也许只是想沾沾自己的名气呢？

张爱玲的怀疑在她自己看来，也不是完全没有道理的。那时候她和桑弧的感情发展得不错，亲自操刀替桑弧写了个剧本《不了情》，并在黄逸梵出国前制作完成。正式上演那天，张茂渊和张爱玲陪着黄逸梵去电影院观看，出乎张爱玲的意料，向来以完美主义著称的黄逸梵，竟然破天荒地给影片以隆重的赞誉。她相当满意张爱玲的剧本，这让张爱玲觉得既好笑又不可思议，因为黄逸梵以前对她的小说只有一个批评："没有经验（指她谈恋爱的经验），光靠幻想是不行的。"

黄逸梵也总是和别人说起："人家都说我要是自己写本书就好了。"她精彩纷呈的人生的确够写一本洋洋洒洒的书，但是张爱玲不愿意给她写，在她心里，黄逸梵还是顶着神圣的光环，就算她手里的笔把周围的亲戚鞭笞了一遍，她还是不忍用刀笔完整清楚地剖开母亲，赤裸裸地向世人展现她偶尔为之的残忍。

张爱玲这时候想到了黄逸梵："她也变得跟一般的父母没两样，对子女的成就很容易满足。"

浑然不觉自己已经和黄逸梵一模一样地挑剔着。赞美来得太迟，令人产生不真实的眩晕感，而在这之前，她们之间的交流总像是硬邦邦的暗箭，在各自的心上默默扎得血肉模糊。

黄逸梵这么多年施加的压力，让张爱玲在此刻才觉得骤然一松，肩膀卸掉了巨大的包袱，说不清楚地痛并快乐着。这时候张爱玲也学会不在乎黄逸梵的看法，盛名像潮水直劈而来，她也不知道在这潮浪中如何是好。

张爱玲到了三十岁的时候，看了棒球员吉美皮尔索的传记片，这部片子讲述的是吉美从小被父亲培养着打棒球，压力太大，无论怎样卖力也讨好不了父亲的欢心，成功后终于变成了精神病，赢了一局，沿着看台一路攀着铁丝网乱嚷："看见了没有？我打中了，打中了。"

张爱玲哭得呼哧呼哧，几乎嚎啕起来。

那时的黄逸梵大概不会再有机会体察得到张爱玲的心情了，是在亲爱的人面前扬眉吐气，终于获得认可的心情，但是经过千里跋涉，一路荆棘，到了眼前，反而没有预想中的喜悦，只剩下强烈的痛苦和遗憾，谁说那不是极度欢喜后的落寞呢？

"从别后，忆相逢，几回魂梦与君同。"这以后的几十年，黄逸梵和张爱玲一个据守英国，一个常住美国，天各一方，音讯稀少寥落，都无法深究彼此的想法，也没有再见过面。

当然，这些都是后话了。

家里的气氛有了些微变化，改变来自黄逸梵，她在很多熟人或生人面前称呼张爱玲为小瑛（张爱玲的小名），亲昵热络的口吻，以示她和张爱玲与众不同的关系。叫她小名还有个好处，张爱玲是她的女儿，她虽然没有从小看着长大，但张爱玲还是她的，血浓于水。终于有一天她肯褪下了华丽的羽衣，换上了人间的粗布——她已经决定做张爱玲的母亲了。

这以后，张爱玲在一次午睡中，腿不小心被汤婆子烫了个泡，醒过来发现脚踝肿得像鸡蛋一样，这个泡直到灌了脓还没好。黄逸梵知道后，亲自拿把小剪刀处理了伤口，冰硬的剪刀轻轻剪掉破裂的皮肤，拿剪子的手居然在微微颤抖，连一向熟识的人都感到很惊讶，打趣她何时变得如此耐心温柔，简直判若两人。

黄逸梵微笑着面对调侃，没有作声，此刻的张爱玲亦是微笑着默不作声，她能感到黄逸梵微冷的指尖缓缓擦过皮肤，指尖上跳着一小簇不安与羞涩，但她就是定着心，不动心。

消完毒后的黄逸梵一抬眸，就见到张爱玲似笑非笑的表情，她是难过的，就此别过头去，不再看女儿冷漠的眉眼。

那个时候，黄逸梵是有点懂了张爱玲的疏漠了，不过一切为时已晚，张爱玲自遭受一连串的情感打击以来，早已经失去爱的能力。黄逸梵虽然有补救的想法，但滴水救不了旺火。张爱玲把自己打造得分外无情，她已是彻底萎谢了的。

黄逸梵的好意遭到一次又一次漠视后，激情也渐渐冷却下来。她的天性是为了张爱玲才稍作改动的，她匆忙的脚步是为了出色的女儿才肯停留的。如今张爱玲并不愿谅解她，她也就收起古道热心肠，转而又要去做自由的风了。

自由也是需要选择，黄逸梵先是开玩笑说要去西湖边跟亲戚家的一个老小姐出家，晨钟暮鼓，斩断尘缘。后来又改了主意，决定去英国长住现实些。她提早整理好行李搬去最豪华的饭店，张爱玲说她"也像是在赌气"。

　　临出发前，黄逸梵约了张子静出来见面吃饭。彼时张子静已经大学毕业，在一所小学里做语文老师，他的性子仍是羞怯懦弱。吃饭的时候，黄逸梵一直注意他的饭量和爱吃的菜是否符合营养学，并教导他应当怎样对待上司和同事。胆小的张子静战战兢兢地回答她的问题，唯唯诺诺听着她的教导，把不喜欢的菜当药物一样硬吞下去。

　　分别时，张子静鼓起勇气劝黄逸梵在上海定居，找一座房子和姐姐一同居住，他觉得以后从无锡回上海也有个落脚点。黄逸梵淡淡地打断他的话题："上海的环境太脏，我住不惯，还是国外比较干净，不打算回来定居了。"

　　她自由地选择生活的定调，不媚俗，不类同，不迎合，行走之间自有出尘的叛逆。这世间几乎少有什么能束缚她的行迹，张子静只是她生命中的一段插曲。擅长把握一切能自作主张的她，从来都来去潇洒，片叶不留，这也是黄逸梵人生中最具个性的一部分。

　　与张子静告别完，黄逸梵又把张爱玲叫到跟前，她取出一副翡翠耳环，桌子上另搁了一小摊珠宝，还有几枚未镶的蓝宝石，叫张爱玲拣了一份，剩下的让她转交给张子静。

　　黄逸梵走后，张爱玲把一小包宝石交给了张子静，在贫困生活中苦苦挣扎的张子静看到这笔意外财富，高兴得不知如何是好。

　　而这份小幸运，也算是黄逸梵灵光一闪的爱体现，不能不说是有些凉薄的，因为从来没有互相靠近过，所以吉光片羽的爱才让张子静欣喜如此。

　　对于张子静来说，黄逸梵首先是个很特别的存在，然后才是他的母亲。对于张爱玲来说，黄逸梵是海外各国的代名词，和她一样是众人眼里的蓬莱仙境，飘飘渺渺，变幻莫测。

谁都不是谁最牵挂的那个，也许会在电光石火的刹那，想到过要做彼此的树和藤，安安静静，纠缠一世。但那树一心向往高天上流云的风姿，而藤，攀爬的能力远逊于树如风的生发。

哪怕是最真实的感情，也会在生活中露出最冷酷的面貌。

张爱玲得到的那副耳环是不到一寸的扁平深绿翠玉环，吊在小金链子上，在卷发窝里晃来荡去很少看得见。

她留了一年也没戴过一次，终于决定要把它变卖掉，其实那时她并不缺钱，不知道怎的，看到这副耳环，总让她想起母亲和弟弟，觉得有些难受。

耳环卖的价钱还不错，因为典当铺里的伙计看出张爱玲并不是很想卖掉耳环。

相伴终生的愿望还是破灭掉的，也不是不曾努力过，挽回过，拯救过，赎取过。同样睥睨尘世的人，面对命运的不可捉摸，也不得不屈起尊贵的膝盖，道一声甘愿臣服。与其说她们的离别是最后必然的定局，不如说她们都选择了一种自我保护，以绝对安全的距离，把最美的形象，深深种植于彼此心中。

第七卷

落入尘埃的繁华　一去千里的悼念

张爱玲曾说过，她们那个时代，是"兴兴隆隆的橙红时代"。

再兴隆的时代也有过去的时候，光阴总是骑着白驹，在不经意间，澹然而过。

美好的年华如朝霞，晨时意气风发，不可一世，漫天播撒灿烂，总想抓住每双向它张望的眼睛。倏忽流年如水，时光慢慢滴透掌心，霞光亦西斜，变来幻去，诉说的都是回光返照的绮丽。

余霞散成绮

黄逸梵的霞光，亦是自成一道风景的。

20世纪40年代离开中国大陆的她，下半生几乎一直在四处漂泊，美国、法国、马来西亚、新加坡，她的足迹遍布全球。像艘漂流的船，时刻停靠在不同的港口，但那都不是它最后栖身的场所。她只是喜欢漂，像桀骜不驯的吉普赛女郎，浑身挂着奇异的首饰，酒红的头发在风中散落成瀑，打着手鼓，旋着舞步，四处流浪，每一站都收获了别人艳羡的目光。

因为是环球旅行家，当然是整装待发的时候比较多，黄逸梵练得一手整理箱子的好本领，物件能够一一拼凑得天衣无缝，软些的物件不会起皱，硬的物什不会砸破砸扁，衣服拿出来不用烫就能穿在身上。这项本领后来传给了同样飘零的张爱玲，有一年她在国外一个小城里，雇了两个学生来抬箱子，箱子太大太重，二人一失手，箱子从台阶上滚落下来，像块大石头一样结实，里面毫无生息，引得学生的一片称赞。

张爱玲表扬那两个大学生"倒是知音"，自然他们也算得上是黄逸梵的"知音"了。

我们可以想象，黄逸梵就是拖着这个箱子行走在以古老神秘著称的印度街头，从水果摊位、烟熏烤肉各色甜食，到追逐嬉笑的孩子们，印度街道不乏各种艳丽的撞色以及浓厚的宗教气息。她的身边悠悠踱过一头老黄牛，成群的猴子在她身边跳蹿，身着莎丽的印度女子亲吻过她美丽的脚趾，那是对她真挚恳切的祝福，是从她的眼里看到了稍纵即逝的落寞吧，她的身影在夕阳中被拖曳得孤单而冗长。

也许，她会站在辉煌神圣的泰姬陵前，窈窈青霭遮住了这座瑰丽建筑的真容。她的目光穿梭于千年的爱恋，每一块莹白的大理石都雕刻着动人心魄的故事。眯眼之间，云开雾霁，泰姬陵闪烁着凄美的光泽，她的眼里也饱含着泪ă意。不远千里而来，她不是为了和故事里的人物相见，她是为了过来吊祭曾经的爱情。一如泰姬陵千年不变的模样，她爱的那些人，早就安然躺在她心的陵寝中，天玄地黄也更改不了他们的容颜的。

也许，她的脚步悄然路过佛陀涅槃的娑罗双树，苍虬古树刻写了人生轮回的真谛与奥义。她在俯仰之间是否幡然醒悟了，这一生，再多的精彩与繁华，总要跌跌于渺绝的宇寰，与虚空万法常伴的。

更也许，她在某一晨光始露的时分，独身一人伫立在恒河岸畔，静静遥望着传说中的圣河，波光渺渺的恒河能一直通往无忧无悲的神奇境界。据说受过恒河水灌礼过的人，将得到永恒不灭的快乐与幸福，那时，她的手是否也曾真诚地掬捧起那

黄逸梵：一生飘逸　一世梵唱

一汪清水，为远在他乡的亲人、子女遥遥地祝福过？

　　黄逸梵是一曲歌谣，天生要用明媚高亢的曲调纵情演绎，她不怕曲高和寡，知音寥落，也不担心人生苦短，红尘嘈杂。她独自守着一方天地，不迷恋凉台静室，不怀想曲径通幽，随声而歌，即兴而颂，任凭岁月在眉间圈禁了怅然，她在低头回首间，依旧游转了优雅与清逸。

　　她就是这样，赫赫扬扬，注定一生用漂泊的履迹畅想不凡。

　　跌落于人间的天使，收起了柔软的翅膀，也要为尘事稍加屈就的，遍览印度的黄逸梵因着她的多才与传奇。这次，居然收到来自尼赫鲁妹妹抛来的橄榄枝，做起了姊妹俩的社交秘书。

　　那也是她风光绝代的日子了，作为皇族贵胄的贴身女秘，她掌管着一切人情往来，公务要文。

　　在众多社交场合，她依旧拔得头筹，引起众人瞩目，她是宾客眼中风情的东方尤物，也是人们舌尖辗转的莫测神秘。

　　她已然有了衰老的迹象，但形似久历风雪的寒梅，彪炳着冷香凌人的美艳，透露着独立于尘的风姿，于一袭冷峻后，是千回百折后的魅力。

　　人们既不知她的过去，也预想不到她有怎样的未来，她在人群中落落大方、独树一帜、得体含蓄地微笑，八面玲珑的交际，所到之处衣香鬓影，竟然要盖过尼赫鲁两位姊妹的风头去。

　　"木秀于林，风必摧之"，黄逸梵太过于出色，难免引起别人恶意的揣测和中伤，两位姊妹起先还洋洋得意，自己找到了得力的干将，替她们把事务打理得有条不紊、井然有序。渐渐地，女人的嫉妒之心侵占了一切，被抢了风光的两姊妹脸色一日比一日难看，以至于在她们手里讨生活的黄逸梵渐渐感到如被芒刺，稍有不慎就招来对方的诘责和冷眼。

"呵，那是架子大得不得了，长公主似的。"黄逸梵在给女儿张爱玲的信中如是讽笑。

凤凰择良木栖之，两姊妹处处难留人，黄逸梵自是不会对旁人的刁难委曲求全。

黄逸梵毅然辞职，拎起行囊，坐船来到熟悉的马来西亚，在那里，她仍旧经历奇特，在乡村田野间肆无忌惮的行走。有一次，皮鞋里居然溜进一条小蛇，把她吓得惊叫连连，差点魂飞魄散。这以后，她丢弃了高跟鞋，改穿传统的黑马靴，上面再着一件碎花的连衫裙，俏皮得像是十七八岁的少女。

战时的马来西亚贫瘠，环境恶劣，物质也严重匮乏，人们生活穷困潦倒。大街小巷林立的商铺纷纷倒闭，街道上充斥最多的就是因为贫穷而沦落街头的乞丐，因为民生凋敝，饿殍遍地。马来西亚的治安非常糟糕，每天都有被抢被盗的新闻出现在报刊上，深陷战火的政府也束手无策，只好任由这一情况恶化。

黄逸梵为了避免无妄之灾，不得已住进了麻风病院，最危险的地方反而最为安全，麻风病院成了她的避风港。她在这里度过了一段惬意舒适的日子，据说还和那儿的一位英国医生展开了一段恋情。

安适的生活留不住潺流一样的脚步，这以后不久，黄逸梵来到马来西亚一个僻静的小乡村。在那里，她一圆长久的梦想——做一位光荣的教师，传道授业解惑，启迪人类的灵魂。

在恍惚间，她已然褪换了侨校教师的身份，变成巴黎街头行走的风景线。50年代的巴黎和所有遭战火疯狂蹂躏的国度一样，一样的迷离，一样的颓废，一样的不安，一样的萧索，黄逸梵这次是抱着定居巴黎的想法住下来了。她随身携带的钱财在这么多年的游历中已经所剩无几，箱笼中的古董首饰因为早期皮具生意经营不善，也变卖得差不多了。

她孤身一人住在租赁的小公寓中，再次感受到生活对她投来的不善目光。为了改变饔飧不继的境况，也为了保全最后几件祖传的古董，她毅然决定放下身段，自食其力，去了一家制包厂当起了制包女工。

如果黄翼升在天有灵，会不会为子孙后代的落魄仰天长叹，发出一声沉痛的感喟呢？沥风沐雨、一路血腥才建起的世禄之家就这样落得个树倒猢狲散的凄惨局面。

创业容易守业难，万里河山总有更适合更出色的人去守、去建，一个身世飘零的小女子无力改写大家族的命运，也不可能承担振兴家业的重担。

正相反，在富贵温柔乡中能享尽繁华，在落魄潦倒中亦能安身立命，这才能展现出黄逸梵贫贱不移、威武不屈的嶙嶙傲骨。

黄逸梵的一身傲骨，始终没有迁就于大时代的风浪之中，能贵能贫，让她安身立命的不是金银珠宝，也不是如画世情，而是在悠悠之口中愈发坚韧如丝的意气。

她是独一无二的，那些诋毁与责难、坎坷和不幸只是叙写了她的人生旁白。

"黄卷青灯，美人迟暮"，世事总是无常，有谁会想到曾经在巴黎河畔鲜衣怒马的女子如今已是半沦半陷。

这个城市总是过分吝啬，只肯留着昙花一现的华美，拒绝曲终人散的落寞，但也有人不会因为它的无情而一蹶不振，放弃所有，她只是卸下了金贵的首饰、华丽的衣着，轻装上阵，款款地步入西斜的时光里去了。

你是我离去时的微时光

"日出桑榆晚，转眼已长安"，黑发不知不觉间刻上繁霜，饱满的脸庞上，往昔那抹红润转而被丛生的皱纹代替。岁月洗练了七情六欲，回首往事，一切的一切都只眷恋在如梦前尘中。红尘醒来迟，待到山河枯竭，流年带走所有音讯，那时才怪东风绾不住的柔情，唯恨岁月少行踪，一步步行来，只留下浅色的履印。

20世纪50年代初的黄逸梵，已然年华不再，她的背影不再如年轻时的挺拔、清秀，佝偻着走过大街小巷时，憔悴得像是风中飘飞乱舞的黄叶……

她站在埃菲尔铁塔前抬头仰望，依旧是顶天立地的钢铁巨人，上头还飞着数朵白云。只是物事人非，巨大的云影自地面闲闲掠过，如岁月蹿过她的脚背，冷清，空虚。站久了，她竟感到头晕目眩，这才想起，年岁不饶人，她病体孱弱，不能过于久立。

留给她细品人生余味的日子不多了，面对衰老和死亡，她也曾有过慌张和恐惧。这种不安情绪，源自于对未知的事物的无措，也起源于因为时间流逝，如花容颜渐渐老去的无奈与失落。她每天与寂寞为伍，举目四顾，除了孑然一身的影子，竟然连个端茶倒水、嘘寒问暖的人也没有。

其实黄逸梵的晚年生活还算平静，再次回归巴黎后，她始终都保持单身状态。年轻时，身边人来人往，还不知道单身一人的可怕，到衰老降临时，这才觉得分分秒秒的日子都是种无法摆脱的煎熬。

她是寂寞的，寂寞像只丑陋的怪兽，蹲踞在她的心头，张牙舞爪，在心头抓了无数血痕。

这时，她想起了远在千里之外陌生国度的女儿张爱玲，亦是到了此时，她才发现，张爱玲才是自己在世上最割舍不了的情怀，一别多年，不知道张爱玲是否安好。

黄逸梵早在新中国刚成立时，便特意书信一封告诫张爱玲，让她想方设法出国去，不要再待在大陆。张爱玲听取她的建议后，以重回香港复读为由离开上海，去了香港大学，后又办理移民手续，一路远走高飞到美国。

黄逸梵年轻时沉睡的母性到了晚年终于生根发芽了。她像是在花园里恣性游荡的蝴蝶，一生在迷恋不同的花香；流连不一样的花姿，漫无目的地游走，使她除了留下一身清浅的花香，几乎一无所有。她的粉翅在穿梭的过程中沾染了繁重的露水，双翼沉重残喘于不曾注目的小紫花上，颤颤的，一点遗世的紫光，就给了她无限的遐想。她终于恍然大悟，那些迷离的色彩，秾馥的花香，都比不过眼前的小紫花给她带来的安定，平静的感觉。

这朵不起眼的紫花，就是天性中自然存在的母性，她心苗上的母性悄悄觉醒，这也是阅尽风尘后的顿悟。一个女人到最后，灵魂信仰的不再是光怪陆离，而是停靠在淡然静好中，母性是漂泊后的港湾。然后，黄逸梵便要将这苏醒的母性贯彻到底，要挖渠引流，将母爱发泄出来，以弥补自己长久以来轻视的遗憾。更重要的是，她可能发现，要想填满无边无际空虚的唯一办法，就是再次成为一个母亲。

黄逸梵去孤儿院里领养了一个华侨的遗孤，枯黄的头发，黑葡萄似的大眼睛，眼里有着怯生生的黑夜，瘦长的双肢无措地摆在了身后，如果可能，她觉得这孩子会把自己也藏在某一处别人找不到的地方。她突然感到一阵心痛，那时候，她或许联想到了儿子张子静，想起了他同样带着惧怯的眼神和不安的举止。

她会不会明白，她的年代已经过去，可是留给孩子们的年华，竟然大部分苍白无力，充斥着肤浅，还有酸楚的伤害。

黄逸梵把孩子领回了家。有了亲人的家才算真正的家，而没有人气的家，充其量不过是座空房子。如果里面的装修富丽堂皇，那么这种富贵气象也只是为了承托一去千里的荒芜罢了。

她肯定在这一刻起，才真正体会到做一个母亲的艰辛与快乐。我们可以想象她是如何照料孩子的，晨起时，递上甜蜜的亲吻，起风时，披上御寒的秋衣。当然，她也会关注孩子的身体状况，持续地，科学地给予营养调理。而不是像对待张爱玲姐弟，每次都只在回国以后，才有机会宣讲营养学，直接导致张子静长大后一直维持着小时候的豆芽身材。

孩子生病时，她守在病床一侧，无微不至地照顾着。她的脑海里也许浮现出照顾张爱玲的情景，那以后她曾说过恨不得让张爱玲去死的狠话，看似一时气话，却把她前面的辛苦付出一笔抹杀掉，而误会与矛盾，往往是在交流沟通不畅时才会滋生蔓延。

　　她在无数个秋凉的静夜里，给张爱玲写信，倾诉她的思念之情，用流利的英文书写，告诉张爱玲她生活中的遭遇以及养育孩子的心得。她应该是有相当的信心，如果上天能再给她一次养育儿女的机会，她一定能做到很棒，把他们都培养成材。

　　她在信末加上自己的签名，很有特色的书写方式，最后一个字母高高翘起了脚，仿佛是给远方的张爱玲抛去了一个媚吻，而这个吻，那时的张爱玲已经无暇顾及了。

　　来到美国后的张爱玲，接触到了与大陆迥然不同的文化环境。她的生活十分压抑和糟糕，自己的才华在异国他乡得不到承认，她先后写过很多小说，大部分都被退了稿。没有其他谋生手段，又几乎坐吃山空，生活逼迫她在恐惧无奈之下，嫁给了一个比她大几十岁的作家赖雅。这以后，他们相依为命，过着拮据艰苦的日子，一直到赖雅中风去世。

　　如果说前半生的声色生活让黄逸梵耽于营造喜乐，无法进入柴米油盐酱醋茶的角色，那么现在的黄逸梵已经彻底放下以往的生活方式，选择让亲情回归。

　　1956 年 8 月，张爱玲和赖雅在美国结婚，黄逸梵不顾自身经济困难，寄去二百八十美金当作贺礼。她相信张爱玲的选择，也尊重张爱玲的选择，她们都是骨子里躺着倔强的女子，永远把爱情放在金钱前面。

　　她和张爱玲的关系不同于我们看到的任何一对母女。一开始她们是山高水长、清清冷冷，后来同住屋檐下又是互生嫌隙、水火不容。香港相见的那段时间，她对张爱玲的态度先抑后扬，前后矛盾，如今分隔两地，她便期待与亲人相濡以沫的生活了。

她在最凄惶的岁月里，才真正认识到人生需要什么，又不能失去什么。生活需要一点风花雪月轰轰烈烈，生活也离不开柴米油盐的平淡安定。

真正懂得爱的人，必然会醉心于甜蜜芬芳的爱情，而面对友情和亲情，也会在对方的呼吸之间，找到心灵上的感应。

黄逸梵其实可以把和亲人的感情写得和她的生活一样浪漫唯美，可是她落笔时的笔调却过于苛刻严厉。

这是她唯一的遗憾，也是走到生命终点时才蹒跚而来的领悟。

1957 年，黄逸梵气息奄奄地躺在巴黎一座医院中，病榻上的她，颤颤巍巍地书写人生中最后一封书信，那是给女儿张爱玲的，"现在就只想见你最后一面。"

一个孤寡老人在临终前最后的心愿，听起来很简单也很心酸。

我想她应该是在生命最后的时刻，期望能与亲人见上一面，做临终的告别。只是张茂渊当时困顿在上海，与她很少再有书信往来，张子静更没有能力办出国手续，赶来巴黎与她见面。而最让她牵肠挂肚的女儿张爱玲竟然也无法满足这份愿望，她以为黄逸梵病中窘困，无力支付医药费，便急急忙忙挤出一百美金，汇了出去。

这一百美金，轻飘飘地定义了这对母女一生的情感，如此凉薄凄冷，是她们一生真实的写照。若即若离，游丝一样的亲情，恰还能维持着基本联系，等到真心展颜拥抱，丝絮负重断裂，阴阳两隔的她们再也无法填补对方今后的空白。

黄逸梵：一生飘逸　一世梵唱

据说人死时的一刹那，会电光石火回忆起生前所经历过的片段。也许，黄逸梵在这样的回顾中，能再次和她的情人、前夫、儿子、女儿进行一场面对面的、灵魂与灵魂的交流。这些尘世间牵引了她喜怒哀乐的人，在那刻，到底是以什么样的心情面对她的呢？是怨，是恨，是不舍，是无谓，还是悲喜交集，痛不欲生？

也许这是一个谁都没有净赢的结局，她辜负的人，也曾辜负了她的盛世年华，她所爱的人，最后都离她而去。想亲近她的人，被她筑起的铜墙铁壁冷拒门外，恨她的人，也不能用风言风语湮没她烟花一样的盛放。

不管怎么样，黄逸梵终归离去了，明与亮的神圣光环里，她转身定凝固世间不可思议的传说，一半在轮回里定格，一半在光阴中歌咏。

人世间最荒凉处于她再无纠葛，而曾经笙歌曼舞的繁华，凝练了她最终成为尘世里的一段传奇。

黄逸梵离世后，旁人打点清理她的遗物，发现她还留着前夫张廷重年轻时的照片，圆脸浓眉，唇角翘起淡淡的笑。黄逸梵站在一边，巧笑倩兮，那时的日子还甜得化在了一处，渗出蜜的芳香，料不到几十年后，两人天涯相隔，死生不复相见。

张廷重晚年十分落魄潦倒，虽然之前他生活荒唐，流连花丛，但和孙用藩结婚后，倒也一心一意过起了夫唱妇随的日子。两人共同的阿芙蓉癖致使家财散尽，晚年栖身于一间只有十四个平方的小房子里。1953去世时，位于江苏路上的家居然四壁清空，一无所有。他的一生，不能不说是一出演尽荒唐的悲喜剧目。

　　而被张爱玲称为和黄逸梵有"生死交情"的张茂渊，在遇见了生命中的真爱李开第后，便痴情守候。碍于李开第已有婚约，张茂渊这一等就等了五十三年，直到七十九岁时才与李开第结为伉俪至 1991 年去世，她坚守了一辈子的感情终于功德圆满。张茂渊亦是色彩浓烈的传奇女子，轻情美丽的作风谱写了让人仰慕的风仪。

　　至于张子静，庸淡的他为张廷重所误，终生未娶。新中国成立前在扬州一家银行做小职员，浑噩度日，新中国成立后，他去了浦东的黄楼中学教书，晚年突发脑溢血谢幕离世。他这一生，来来去去都只是做了张爱玲的陪衬，在张家，始终没有找到正确合适的位置。

　　黄逸梵的遗物中还有一张女儿张爱玲的照片，照片中的爱玲低眉颔首、浅笑盈唇，充满情不自禁的喜悦。那张照片拍得有些模糊，大概只有这样雾里看花，才是黄逸梵心目中的形象。

　　黄逸梵和张爱玲一样不似人间的烟火凡尘，而是九天之上的歌者飞天，脚不点地，漫天遨游，在一弯清冷的月色中，细细雕琢朦胧旖旎的意境。

　　生命中相伴相随的人次第淡出，故事也在此刻戛然而止，一个一生都在追逐爱情与自由的女子，回到彻底的自由中去。

　　此生，再也没有谁能在她柔弱的心上砍出千万条不被爱的阴影；此生，也再也没有人在她洁白的羽衣上绑束囚禁与浮语的镣铐……

　　她只是离开了，带着回肠荡气的声色光影，与一捧深红洁白的玫瑰，永葬在后世众口相传的戏说中，天上人间，浮微流芳。

母亲的形象

1958 年，黄逸梵的遗物远渡重洋，出现在张爱玲的家门口。张爱玲一恸不起，大病两个月，直到心情稍微平复后，才有勇气打开箱子，沉重的大木箱被打开的瞬间。张爱玲的思绪被拉扯到童年时代，她隔着门缝偷看美丽而忧伤的母亲在梳妆镜前梳头打扮，闪光的珠宝无法点亮她的脸庞，她的眉头总是紧锁，仿佛春恨秋愁浓缩在眉间。

赖雅费了些力气，把箱子里的遗物初步整理了一下，这其中一件古董花瓶在他们经济困难时被拍卖，所得的八百六十美金很好地解决了夫妻俩的燃眉之急。

当赖雅看着这些遗物时，嘴里不禁轻声感叹："整个房子里都充满了悲伤的气息。"

张爱玲靠在丈夫的肩上，哭得难以自抑，她掉落在过去的回忆中，彻底被回忆吞没。连她都搞不清楚，她到底是爱着黄逸梵，还是恨着黄逸梵，但是她很明白，无论是爱是恨，她都无法假装黄逸梵是生命中路过的陌生人。

或者，黄逸梵给的爱和恨都是她真实、清楚的人生表达，爱伴随着恨，恨亦是爱的另类体现，统一体中不可分割的两面，被很好地矛盾地表现出来了。

关于张爱玲和黄逸梵的感情，后世有不少学者进行了鞭辟入里的讨论分析，不管最后得出的结论是什么，有一点我们都不能否认，即黄逸梵造就了一个与众不同的张爱玲。当然，这样的造就总是不可避免带着残忍。如果张爱玲早知道因为黄逸梵的影响，她以后将用一支出彩的笔称霸上海文坛，以冷峻刻骨的笔触写尽人事沧桑，我想她是宁可放弃这种"出名要趁早"的机会，也要尝试着做回一个普通母亲怀里小娇客的，尽管张爱玲是这么而说的：

> 一个人假使没有什么特长，最好是做得特别，可以引人注意，我认为与其做一个平庸的人过一辈子清闲生活，终其身，默默无闻，不如做一个特别的人，做点特别的事，大家都晓得有这么一个人，不管他人是好是坏，但名气总管有了。

但那时正是张爱玲文学生涯中最风光的时期，她大有资格说出如此惊世骇俗的话。彼时，张爱玲用手中的笔写出了上海滩爱恨情仇的浮世人生，写出了人性中被深深掩盖的悲哀与卑猥，写出了人世间聚散离合的无常和错过。她毫不留情地以笔为刃，捅开繁华表象，把血淋淋的事实呈现给读者。在她的笔下，没有完美的人和事，所呈现出来的人物都具有病态的性格缺陷，或者俗气叫人不屑一顾，所写的感情也都是被筛子淘漉后的千疮百孔，因为没有一种感情是完满的。所以她下手写爱情，不是和金钱、权力、利益挂了钩，就是得不到就毁灭的两败俱伤。

这是张爱玲早期作品的鲜明特征：华丽、苍凉、颓废美的语言娓娓道出人生鲜血淋漓的真相。

任何美的事物，在她笔下总包含着不详的谶语，就连被世人公认为最伟大、最无私、最美好的母爱，在她的创作中，也是没有半点温情流露。她把母爱放在灼亮的镁光灯下，将其中可能包含的一丝瑕疵集中起来并成倍放大，然后赤裸裸地晒出来。她本人不会告诉你这样的母亲是好是坏，她之于母亲的角色，本身就离着十万八千里的距离，对母亲的感知全部来自于生活体验，而这样并不愉快的体验，是黄逸梵带给她的。

也许，黄逸梵在母亲这样的角色里过多地扮演了一个旁观者而不是指引者，她是个"兼职"母亲，很好地履行了母亲的"责任"，却并没有把母亲的"柔"与"宽"的感觉带给儿女。如果张爱玲没有那么敏感，她也许感受更多的是黄逸梵的严，而不是"毒"。毕竟是黄逸梵收留了被父亲张廷重施虐后逃离家门的她，并且这以后，也是黄逸梵一手包办了她的衣食住行一切花费。在黄逸梵经济拮据的时候，为了圆张爱玲的留学梦想，她想尽办法，以每次五美金的代价聘用了外籍教师给张爱玲补习英文。

晚年的张爱玲在经历了人生剧变后，终于褪下了一身尖酸与挑剔的长刺，她也和黄逸梵一样回到了平静，缓慢，略带几分凉意的生活中去。也许看透世情的她，终于明白了黄逸梵暮年时的心境，与世事快意恩仇后，同样倒向了从容和平和的处事态度。

人到老年，才肯放下所有心结，这不能不说是上天赐予的一份晚来的体悟，而那份隐忍和洞明，都是年轻时与世界一刀一枪搏斗后，换来的铭心刻骨的晓悟。

然而张爱玲在早期的作品中，已经用了隐晦的笔调，强烈地抨击了黄逸梵。因为被困守而加诸于张爱玲身上的暴躁和难堪，被无情地割碎于作品之中，使得张爱玲笔下的母亲形象，零碎得表达出了冷漠，残忍，偏执，势力，小气，奴化，面目皆非的特征。

张爱玲笔下的母亲可以是被金钱扭曲灵魂而泯灭亲情的：

《十八春》中的顾太太眼睁睁地看着二女儿近乎完美的爱情和婚姻将要被无情地断送，却在金钱的诱惑下心安理得地走开了，独自留下曼桢在那呼天抢地。

《花凋》里的郑夫人为了守住自己的私房钱而不肯给女儿治病，眼睁睁地看着女儿"一寸一寸地死去"而无动于衷。

《琉璃瓦》中欲借女儿攀上豪门的姚太太，《封锁》中为获富贵姻亲而培育女儿的吴翠远之母都是在亲情与金钱之中选择了金钱。

也可以是长期受到压制与侮辱，人格裂变，暴戾的：

《金锁记》中的曹七巧由于长期在婆家遭受人格上的侮辱、情感上的挫折和情欲上的压抑，人性严重扭曲，变得乖戾、暴躁、刻毒、歇斯底里。当一双儿女长大成人后，她的变态心理，愈发不可收拾。

《沉香屑　第一炉香》中养母性质的梁太太真的不在乎葛薇龙的遭遇感受。她不把薇龙当成亲人，反而视之为手中的一名棋子、一项财产、一副工具，好让她能不断吸引更多有钱有势的男人，以维持她纸醉金迷的生活。

《沉香屑　第二炉香》中的蜜秋儿太太畸形家教导致女儿靡丽笙、素西斯视正常的性行为为兽行，结果逼死了两个女儿的丈夫。她不但毁了子女的人性，也毁了子女的幸福生活。

还有传统世俗的母亲，一手将女儿推进婚姻的火坑中去：

《十八春》中的许世钧之母、吴翠芝之母都是因为门第观念而按自己意愿安排子女的婚姻，丝毫不理会这两个人之间有没有感情，会不会幸福。

《五四遗事》中主人公的三位娇妻之母都是支持结婚反对离婚的女性，即使把女儿嫁给一个多妻主义者也要女儿从一而终。

《倾城之恋》中，女主角白流苏受到兄嫂的刺激后到母亲床前呜咽，希冀母亲替她做主，白老太太只是"一味地避重就轻"，让白流苏回婆家做寡妇，过继个儿子，为死去的丈夫守节。

张爱玲之所以塑造这些变态的母亲形象，源自从小缺失母爱，因而成年后一再用文字捍卫了对母爱的渴求欲望，她把这种渴望以判挞的文字阐发出来，其实是一种呼唤，一种追求，是内心对母爱无比向往的外在显现。

张爱玲曾这样阐述过她对母爱的理解：

自我牺牲的母爱是美德，可是这种美德是我们的兽祖先遗传下来的，我们的家畜也同样具有——我们似乎不能引以为傲，本能的仁爱只是兽性的善。

看似以冷静的态度阐述了母爱地位的卑下，把母性归类为从原始时期就具有的本能。其实如果仔细推敲张爱玲的文字，就觉得她字里行间所流露出来的想法恰是和这段话所要表达的意思相反的。张爱玲愈是把母爱贬低成兽类的爱，她愈是凄清地自嘲，自己是连这样兽类的爱都得不到的，而这兽爱，也是张爱玲终其一生都努力追逐的目标。

张爱玲后来在纽约堕掉过一个与赖雅的孩子，一方面固然是因为当时没有经济能力和精力来抚养孩子。另一方面，她也深深恐惧后来对黄逸梵的打击报复，她觉得这个孩子会替母亲来向她报仇。可见，她对黄逸梵的感情在以后产生了很大变化，从极怨极恨到极思念极反省。

如果说黄逸梵是流水，居无定形，流无必状，那么张爱玲就是水载托的船。水可以温柔地抚触船身，涤荡周身遍布的污垢，顺势引流，将船带向彼岸，也可以在半途中掀起风浪，无情地冲击船身，引它入危险的漩涡边缘。任它在险境里打转挣扎，然后以一个大浪彻底将之拍裂肢解。

幸好，黄逸梵掀起的浪懂得适可而止，她后来赎罪的举动多少消弭了张爱玲心里的怨恨。

"只有隔夜的饭，没有隔夜的仇。"

成熟后的张爱玲终于谅解了黄逸梵，她懂她的自我与独立，因为她们都是自由深入骨髓，一生行走在传奇中的女子。

用传奇来观照传奇，传奇才会肉身不死，精神不灭。

晚年的张爱玲闭门谢客，彻底与这个世界隔断了联系，偶尔有朋友上门探访，却发现她总是面向墙壁，独自一人喁喁私语："妈咪，以后我一定来找你赔罪，请你在天堂里为我留一条门缝。"

这时，距离黄逸梵离开人世已经三十八个春秋。

这对母女，终于在红尘的尽头握手言和。